BÄRBEL HAUSWALD | SABINE BOHLMANN

Die schönsten BABYMASSAGEN UND Kuschelspiele

DIE GU-QUALITÄTSGARANTIE

Wir möchten Ihnen mit den Informationen und Anregungen in diesem Buch das Leben erleichtern und Sie inspirieren, Neues auszuprobieren. Bei jedem unserer Produkte achten wir auf Aktualität und stellen höchste Ansprüche an Inhalt, Optik und Ausstattung.
Alle Informationen werden von unseren Autoren und unserer Fachredaktion sorgfältig ausgewählt und mehrfach geprüft. Deshalb bieten wir Ihnen eine 100 %ige Qualitätsgarantie.

Darauf können Sie sich verlassen:
Wir bieten Ihnen alle wichtigen Informationen sowie praktischen Rat – damit können Sie dafür sorgen, dass Ihre Kinder glücklich und gesund aufwachsen. Wir garantieren, dass:
- alle Übungen und Anleitungen in der Praxis geprüft und
- unsere Autoren echte Experten mit langjähriger Erfahrung sind.

Wir möchten für Sie immer besser werden:
Sollten wir mit diesem Buch Ihre Erwartungen nicht erfüllen, lassen Sie es uns bitte wissen! Nehmen Sie einfach Kontakt zu unserem Leserservice auf. Sie erhalten von uns kostenlos einen Ratgeber zum gleichen oder ähnlichen Thema. Die Kontaktdaten unseres Leserservice finden Sie am Ende dieses Buches.

GRÄFE UND UNZER VERLAG. *Der erste Ratgeberverlag – seit 1722.*

INHALT

Die Autorinnen 4
Vorwort: Nähe ist Leben 6

WARUM BABYMASSAGE? 8

BABYMASSAGE GIBT URVERTRAUEN 10

Herkunft und Überlieferung
der Babymassage 11

Unsere Lebensrhythmen 13
Babys ticken anders 13
Babymassage vertieft die Bindung
zwischen Eltern und Kind 14
Viele gute Ratschläge 17
Die Körpersprache des Babys –
Was will es Ihnen sagen? 19
Auf Babys Signale reagieren 22
So finden Babys ihr inneres
Gleichgewicht 25
Förderung der Entwicklung 28
Reime für die Sinne 30
Wie fühlt sich die Welt an? 32
Reime für ganz Kleine 36
Hoppe Reiter und so weiter 42

EMPFANG FÜR DAS
NEUE MENSCHENKIND 44

MASSAGEVORBEREITUNGEN 46

Einstieg in die Babymassage 47
Die Babymassage vorbereiten 48
Welches Massageöl ist geeignet? 49
Rituale und Massagen 52
Körperkontakt und Lageveränderung 53
Babymassage zu Hause oder im Kurs 55
Reime – Lieder – Rituale 57

SCHATZINSELN IM ALLTAG … 58

Schatzinseln für Väter … 59
Schatzinseln für Mütter … 61
Schatzinseln für die Partnerschaft … 63
Schatzinseln für Kinder … 66
Spiele und Lieder für größere Geschwisterkinder … 67
Für das Baby: Sachen zum Spielen oder Spielsachen? … 69
Schatzinseln für Großeltern … 70
Zum Anfassen und Anschauen … 73
Tierlaute und -lieder … 79

LIEBEVOLLE BABYMASSAGE … 80

ANLEITUNGEN ZUR MASSAGE … 82

Anordnung und Reihenfolge der Massagen … 83
Massagen zwischendurch … 84
Massagen an Beinen und Füßen … 84
Sockenspielereien und -basteleien … 90
Massagen für den Bauch … 93
Einfühlsame Brustmassagen … 96
Massagen an Armen und Händen … 98
Fingerspiele … 103
Fantasievolle Fingerpuppen … 106
Massagen fürs Gesicht … 110
Spiele für Gesicht und Rücken … 113
Rückenmassagen … 116
Mit sanften Übungen die Entwicklung fördern … 119

HEILENDE UNTERSTÜTZUNG DURCH MASSAGEN … 122

ZUWENDUNG DURCH BERÜHRUNG … 124

Möglichkeiten und Grenzen der Massage … 125
Was ist Berührungsentspannung? … 126
Berührungsempfindlichkeit … 127
Desorientierung … 128
Unwohlsein und Krankheit … 130
Koliken begegnen … 132
Massage für Babys in Ausnahmesituationen … 134
Besonderheit Schreibabys … 135
Reime zum Trösten und Spielen … 136

Adressen, die weiterhelfen … 138
Bücher, die weiterhelfen … 139
Register der Massageanleitungen … 140
Register der Bastelanleitungen … 140
Register der Reime und Kinderlieder … 141
Sachregister … 142

BÄRBEL HAUSWALD

»Als Heilpraktikerin möchte ich Menschen helfen, ihre gesunden Selbstheilungsmechanismen wiederzuentdecken, als Babymassagekursleiterin den Rahmen schaffen, sie gar nicht erst zu vergessen. An der Babymassage schätze ich besonders den achtsamen Umgang miteinander und mit welch einfachen Mitteln der Grundstein für eine gesunde Entwicklung gelegt werden kann. Es ist mir eine Freude, auf diese Weise auch ein glückliches Miteinander innerhalb der Familien anzubahnen, denn jedes Familienmitglied kann mit einbezogen werden.«

Bärbel Hauswald absolvierte 1996 – nach der Geburt ihrer drei Töchter – die amtsärztliche Zulassungsprüfung als Heilpraktikerin und orientierte sich mit ihrem Therapiespektrum an den Bedürfnissen junger Familien. Ein Schwerpunkt ihrer präventiven Arbeit ist die Babymassage nach dem Konzept »Berührung mit Respekt®« der Deutschen Gesellschaft für Baby- und Kindermassage e.V., die sie seit 2000 in eigener Praxis und in Hebammenpraxen anbietet. Seitdem konnte sie damit viele Familien emotional begleiten, elterliche Kompetenzen stärken und Babys einen guten Start geben. Kindermassage, Trageschule und Beikostkurse ergänzen die Arbeit mit jungen Familien, und ihre Erfahrung aus elf Jahren LLL-Stillberatertätigkeit fließen in ihre Arbeit mit ein. Ihre Haupttherapieform, die klassische Homöopathie, ist geeignet, die Gesundheit junger Menschen zu gestalten und jeden Einzelnen, auch im Zusammenhang mit seinem sozialen Umfeld und seinem Entwicklungspotenzial, wahrzunehmen. Weitere Informationen finden Sie unter www.naturheilpraxis-hauswald.de.

DIE AUTORINNEN

SABINE BOHLMANN

»Ein Baby ist für mich die wunderbarste Erfindung auf der ganzen Welt. Und es war mir eine große Freude, für dieses Buch die Spiele, Reime und kleinen Basteleien zu schreiben. Ich wünsche allen Eltern viel Spaß mit ihren Kindern und natürlich viel Spaß mit diesem Buch. Und was mir noch am Herzen liegt: Schenkt den Kindern eure Zeit. Das ist das Wertvollste, was ihr ihnen mitgeben könnt!«

Nach ihrer Schauspielausbildung spielte Sabine Bohlmann in verschiedenen TV-Filmen und Serien (zum Beispiel in der Vorabendserie Marienhof). Seit 1985 ist sie als Synchronsprecherin tätig und leiht Lisa Simpson, Vanessa Paradis, der Maulenden Myrte in »Harry Potter« und vielen anderen ihre Stimme. Neben ihrer Tätigkeit als Schauspielerin und Synchronsprecherin betätigt sie sich außerdem erfolgreich als Autorin: 2004 erschien ihr erstes Buch »Ein Löffelchen voll Zucker«, viele weitere folgten. Im Herbst 2007 erschienen ihre ersten Kinderbücher sowie die Kinder-Jazz-CD »Der kleine Erdbär« und die Rap-CD »Ich rap mir die Welt«, die sie gemeinsam mit der Musikerin Carolyn Breuer produzierte. Sabine Bohlmann hält seit einigen Jahren Vorträge über Erziehung mit Spaß und Phantasie. Sie hat zwei Kinder und lebt mit ihrer Familie in München. Wenn Sie noch mehr erfahren möchten, finden Sie weitere Informationen auf ihrer Website www.sabinebohlmann.com.

NÄHE IST LEBEN

Der Mensch ist besonders in den ersten Lebensjahren darauf angewiesen, dass sein Körper eine ganz besondere Form von Nahrung erhält. Diese Nahrung kann man nicht im Supermarkt kaufen, aber jeder von uns ist in der Lage, dieses elementare Nahrungsmittel selbst herzustellen. Es bedarf hierfür nur einer wesentlichen Zutat: Nähe. Denn das Lebensmittel, von dem hier die Rede ist, entsteht erst dann, wenn wir Eltern uns im direkten körperlichen Kontakt mit unseren Kindern befinden. Nur in diesen Momenten entstehen im metaphorischen und biochemischen Sinne Substanzen im Körper eines Kindes, die für das Kind so lebensnotwendig sind wie Wasser.

Körperkommunikation

Auch wenn dieses Wissen schon lange durch viele wissenschaftliche Ergebnisse belegt ist, scheint es immer wieder notwendig zu sein, darauf hinzuweisen, dass sich ein Kind ohne körperliche Nähe nicht gesund entwickeln kann. Die biologische und psychologische Notwendigkeit von Körperberührungen besteht ein Leben lang, vor allem aber in den ersten Monaten nach der Geburt. In dieser sensiblen Entwicklungsphase ist das Baby elementar darauf angewiesen, dass sein Körper in Kontakt mit anderen Menschen ist. Denn erst durch die Körperkommunikation zwischen dem Kind und seinen engsten Bezugspersonen entsteht jenes komplexe Lebensmittel, das die Natur dem Menschen selbst in die Hände gelegt hat. Angesichts unserer hochtechnisierten Umwelt, der Digitalisierung des Alltags und fortschrittlicher medizinischer Methoden mag es unmodern erscheinen, dass für die Entwicklung eines Babys körperliche Nähe unverzichtbar ist. Doch so viel sich auch sonst in unserer Welt verändern wird, das zum Wachsen und Gedeihen eines Kindes notwendige Lebenselixier wird auch weiterhin nur über den direkten Hautkontakt entstehen können.

Berührung mit Respekt

Wir können in der Regel darauf vertrauen, dass wir im Umgang mit unseren Kleinsten intuitiv das Richtige tun. Entscheidend ist, dass wir uns als Eltern der grundlegenden Bedeutung unserer Körperberührungen für das Neugeborene bewusst sind. Mit der Einstellung des Respekts gegenüber den Bedürfnissen des Neugeborenen ist dieses Buch von Bärbel Hauswald als Kursleiterin der Deutschen Gesellschaft für Babymassage geschrieben worden. Es soll uns Eltern darin bestärken, das Wohlbefinden und die Entwicklung unseres Babys in ruhigen Momenten mithilfe der Massage zu fördern. Dazu gehören auch Hinweise, wann solche Momente entstehen können und wie sie in den Alltag für bei-

VORWORT

de Seiten passend einzubetten sind. Zu Recht weist die Autorin darauf hin, dass die Massage eines Neugeborenen für das betreffende Elternteil ein sehr hohes Maß an Aufmerksamkeit, Ruhe und innerem Gleichgewicht erfordert. Darum steht nicht die Vermittlung von Techniken im Vordergrund dieses Buches, sondern vor allem innere Haltungen und Respekt vor den Bedürfnissen des Kindes. Intensive, wohldosierte und aufmerksame Körperberührungen im Rahmen einer Massage von Neugeborenen dienen der allgemeinen körperlichen und seelischen Stabilisierung des Babys. Durch die Massage soll keine spezifische Weiterentwicklung des Neugeborenen erreicht werden, sondern das Stillen seines Bedürfnisses nach Nähe. Doch wie jedes andere Bedürfnis auch ist dieses nicht an jedem Tag und zu jeder Stunde in gleichem Maße vorhanden. Die elterliche Kunst besteht darin – bei allen guten Wünschen und Vorsätzen – zu erkennen und zu respektieren, welche aktuellen Bedürfnisse das Neugeborene äußert.

In der Rückschau auf meine ersten Schritte als junger Papa – jetzt sind die beiden klugen und schönen Damen 16 und 25 Jahre alt – wären mir und meinen Kindern durch das Buch von Bärbel Hauswald vielleicht so manche elterlichen Tölpelhaftigkeiten erspart geblieben. Der völlig normalen Unsicherheit der Eltern, besonders beim ersten Kind, begegnet die Autorin mit einer Gelassenheit, die auf lange und vielfach erprobte Erfahrungen zurückreicht. Mit vielen Beispielen aus dem alltäglichen Leben mit Neugeborenen illustriert die Autorin das Potenzial der Babymassage – für Neugeborene wie auch für die Eltern. Gelingt diese symbiotische Haltung zwischen Erwachsenem und Neugeborenem, werden beide Seiten gleichermaßen gestärkt. Bärbel Hauswald ermuntert sowohl Mütter als auch Väter, die körperlich intensivste Zeit mit dem eigenen Kind achtsam und mit wirklicher Nähe zu füllen. Es gibt sonst wenige Dinge auf dieser Welt, denen man unwidersprochen und gern zustimmen kann. In diesem Sinne: Seien wir Eltern in respektvoller Nähe zu unseren Kindern!

Dr. Martin Grunwald
Haptik-Forschungslabor Universität Leipzig

WARUM BABYMASSAGE?

Zu unserem Menschsein gehört das Bedürfnis, angenommen, respektiert, geliebt und berührt zu werden. Liebevolle Berührungen sind genauso wichtig wie Nahrung und Schutz. Ganz besonders Neugeborene sind darauf angewiesen.

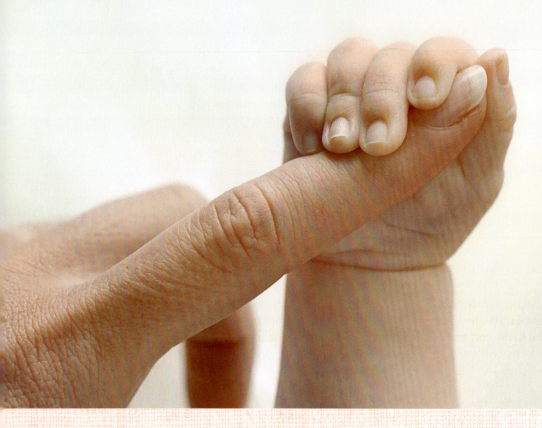

BABYMASSAGE GIBT URVERTRAUEN

Berührt, gestreichelt und massiert zu werden, ist Nahrung für das Kind – Nahrung, die genauso wichtig ist wie Minerale, Vitamine und Proteine, meint der französische Arzt und Geburtshelfer Frédérick Leboyer. Er machte die sanfte Geburt und die Babymassage in Europa bekannt. Seitdem ist ein Bewusstsein dafür gewachsen, dass der Weg zu körperlichem, geistigem und seelischem Wachstum erst frei wird, wenn die Bedürfnisse nach liebevoller Berührung und nach Nahrung gestillt sind. Die Babymassage erfüllt diese Bedürfnisse und gibt dem Kind Geborgenheit und Selbstvertrauen. Erst dann kann ein Kind lernen und die Welt entdecken und seinen Platz darin finden.

Herkunft und Überlieferung der Babymassage

Die Babymassage ist aus dem uralten, instinktiven Wissen der Mütter um ihre eigenen Bedürfnisse wie auch um die Bedürfnisse ihrer Babys gewachsen. Dies war für das Überleben der Gemeinschaft wichtig und wird deshalb von alters her in vielen Kulturen bis heute gepflegt.

Die traditionelle indische Babymassage

Die wohl bekannteste Art ist die indische Babymassage nach Frédérick Leboyer. Der französische Frauenarzt erlebte diesen Umgang mit Neugeborenen in Indien oft als Lichtblick inmitten bitterster Armut. Indische Mütter verstehen die Babymassage als eine Kunst, die sie von Generation zu Generation an ihre Töchter weitergeben. Sie wollen ihren Babys damit helfen, die Ängste der Geburt zu verarbeiten, auf dieser Welt anzukommen und sie als angenehmen, liebevollen Ort zu erleben.

»Die Babymassage ist ein stiller Dialog der Liebe zwischen einer Mutter und ihrem Baby. Die Ruhe der Bewegungen ist fast wie ein Ritual – ein Tanz. Ihre kontrollierte Kraft drückt Zärtlichkeit und Würde zugleich aus.«

Frédérick Leboyer

Die tägliche Massage mit vorwiegend entspannenden Massagetechniken ist hier eben nicht nur eine Technik, sondern ein Ritual, das die Wertschätzung für das neue Leben zum Ausdruck bringt. »All die hässlichen Seiten dieser Stadt und der Straßen, durch die ich gegangen war, verschwanden plötzlich. Es gab nur noch Licht und diese Liebe«, schreibt Leboyer angesichts der indischen Babymassage. Zwar gibt es im industriell hochentwickelten Europa keine Slums, wohl aber andere menschliche Probleme, die aus der einseitigen Überbewertung von Wissenschaft, Technik und materiellem Wohlstand herrühren. Wir verdanken Leboyer die Aufmerksamkeit für das instinktive Wissen um die seelische und körperliche Gesundheit des Menschen, das vor der Industrialisierung wohl auch bei uns viel mehr verbreitet war. Leboyer brachte die natürliche Geburt und die Babymassage nach Europa.

Babymassage in Indien – ein Ritual der Wertschätzung für das neue Leben.

Babymassage heute

Auch Vimala Schneider, die 1981 die Internationale Gesellschaft für Babymassage (IAIM) in den USA ins Leben gerufen hat, war in Indien und ist von ihren Erlebnissen mit der Babymassage in Indien tief berührt und geprägt worden.

Als sie ihr eigenes Baby auf diese Weise massierte, konnte sie die wohltuende, entwicklungsfördernde Wirkung an ihrem Kind miterleben und beobachten. Auf dieser Grundlage und aus ihrem Wissen als langjährige Yogalehrerin entwickelte sie ein Kurskonzept, das neben der traditionellen indischen Babymassage auch Elemente der schwedischen Massage, des Yoga und der Reflexzonenmassage enthält. Ihre Vision ist »liebevolle Berührung und Kommunikation durch Bewusstseinsbildung, Fortbildung und Forschung zu fördern, damit Eltern, Bezugspersonen und Kinder in der ganzen Welt geschätzt, geliebt und respektiert werden«. Diese Idee hat mittlerweile in mehr als 40 Ländern weltweit Fuß gefasst. Überall werden Kursleiterinnen und Kursleiter nach denselben Grundsätzen ausgebildet und geschult.

Berührung mit Respekt® – Babymassage in Deutschland

So gründete Ute Laves 1995 die »Deutsche Gesellschaft für Babymassage (DGBM)« als Zweig der Internationalen Gesellschaft. Sie bildet Kursleiter und -leiterinnen aus, die das Konzept »Berührung mit Respekt®« in Fortbildungen, Elternkursen und Einzelsitzungen weitergeben.

Das vorliegende Buch ist auf dieser Basis entstanden. Es schöpft außerdem aus der 15-jährigen Erfahrung mit Babymassagekursen, aus heilpraktischem Wissen, aus vielen Erlebnissen mit den eigenen Kindern und den Lebensgeschichten vieler Familien, denen die Autorinnen begegnet sind.

Berührt, beschützt, gut aufgehoben fühlt sich dieses Baby. Die umschließende Handhaltung seiner Mama gibt ihm Geborgenheit.

»Das größte Geschenk, das mir jemand machen kann, ist, mich zu sehen und zu hören, mich zu verstehen und zu berühren.«

Virginia Satir

Dieses Buch will Sie einladen, die Babymassage »Berührung mit Respekt®« kennenzulernen. Seien Sie neugierig auf die »Sprache der Berührung«, die auch ohne viele Worte auskommt und das Erfühlen und wortlose Verstehen in den Vordergrund rückt.

Wundern Sie sich auch nicht, wenn Sie so manch unbewusste Verhaltensweise plötzlich als bedeutungsvoll erleben. Unsere Babys haben nämlich noch diese ursprüngliche Weisheit, uns auf die wirklich wichtigen Dinge im Leben aufmerksam zu machen. Nutzen Sie diesen Schatz und machen Sie sich achtsam auf den Weg in ein spannendes und gleichzeitig entspannendes Abenteuer.

Unsere Lebensrhythmen

Entspannung und Anspannung, Tag und Nacht, Hell und Dunkel, Systole und Diastole, die beiden Phasen der Herzpumpe, Ausatmen und Einatmen – all das bestimmt den Rhythmus unseres Lebens. Außerdem sind wir in übergeordnete natürliche Zyklen, wie zum Beispiel in die Jahreszeiten und Mondphasen eingebettet. Sie geben den Takt für unser Leben vor. Und wenn wir im Einklang mit unserer Umwelt schwingen, fühlen wir uns wohl, gesund und ausgeglichen. Das gilt für große und auch für ganz kleine Menschen gleichermaßen.

Zusätzlich bestimmen auch kulturelle und gesellschaftlich übliche Rhythmen unseren Alltag: Feiertage, Werktage und Wochenenden, geregelte und ungeregelte Arbeitszeiten, Schichtarbeit, Kitaöffnungszeiten, Schulferien und, und, und. Viele verschiedene Terminpläne sind je nach Familienkonstellation unter einen Hut zu bringen – eine wahrlich schwierige Herausforderung für die Eltern, besonders, wenn sie noch für ein Baby zu sorgen haben, das es mit den gesellschaftlich bestimmten Rhythmen gar nicht so genau nimmt und seine eigenen erst finden muss. Sind Sie sehr gestresst, helfen einfache Atemübungen zum Entspannen, zum Beispiel die Atemübung für Eltern auf Seite 18.

Babys ticken anders

Sie haben ein starkes Kind, wenn es seinen eigenen natürlichen Rhythmen folgt, auch wenn das eine Belastungsprobe für das Umfeld sein kann. Schauen Sie, inwieweit Sie Ihren Tagesablauf an den Babyrhythmus anpassen können. Nicht selten profitiert die ganze Familie von einem »weniger ist mehr«, also einer Zeiteinteilung, die mehr terminfreie, ungeplante Zeiträume zulässt.

Andere Kinder brauchen eine Weile, um ihren Rhythmus zu finden, von Anspannung zur Entspannung, um vom Stress auf Ruhe umzuschalten, um die Erlebnisse des Tages zu verdauen, den Stillrhythmus ihren Bedürfnissen anzupassen oder ohne Schwierigkeiten einzuschlafen.

Bis zur Geburt gaben der Herzschlag der Mutter, ihre Bewegungen und ihr Atemzyklus den Takt vor. Auch die ständige Berührung und feste Umhüllung im Mutterleib gaben Halt und Orientierung.

Das alles ist nach der Geburt plötzlich weg, sobald das Baby allein ist. Allein sein bedeutet für das Baby, ohne Halt, das heißt ohne Berührung zu sein. Massage kann helfen, dem Baby Sicherheit und Geborgenheit zu geben. Schon wenige Minuten ungeteilter Aufmerksamkeit wirken harmonisierend. Mit der Massage bewusst Ruhepunkte im Tagesverlauf zu setzen, schützt das Baby vor Überreizung. Außerdem schaffen Sie für sich selber und die ganze Familie eine entspannte Wohlfühlatmosphäre.

Fast die ganze Menschheitsgeschichte hindurch hätte es für ein Baby Lebensgefahr bedeutet, allein zu sein. Dieses biologische Programm wirkt bis heute. Ein Neugeborenes kann nicht wahrnehmen, dass es nicht allein ist. Auch wenn die Mutter lediglich in der anderen Zimmerecke steht, erlebt es Momente höchster Anspannung und Existenzangst. Deshalb weint manch ein Baby, sobald es abgelegt wird. Streicheln wir es, drücken es fest an uns oder nehmen es auf den Arm, setzt meist die Entspannung ein. Das Weinen ist kein »Tricksen«, das Baby fühlt so und äußert es ehrlich und unmissverständlich. Je nachdem, wie weit Ihr Kind sich bereits angepasst hat, sind diese Verhaltensweisen mehr oder weniger ausgeprägt. Auch hier ist es wieder eine wahre Kunst für die Eltern, einen Weg zum Wohle der ganzen Familie zu finden. Feste Bezugspunkte im Alltag wirken haltgebend, stabilisierend und entspannend, aber nur in einem Klima von gegenseitigem Respekt.

Babymassage vertieft die Bindung zwischen Eltern und Kind

Schon das Neugeborene sucht von seinem ersten Moment auf der Welt an Kontakt. Von Anfang an nimmt es die Reaktion seiner Umwelt auf seinen Blick, auf sein erstes Weinen wahr. Dieses Bedürfnis nach Kontakt wird »Bindung« genannt. Die Bindung zwischen Eltern und Kind entsteht nicht von selbst. Sie ist das Zusammenspiel vieler einzelner Elemente, das sich zwischen Eltern und Kind wie ein Tanz vollzieht. Dieses Geben und Nehmen kann ein Anschauen und Lächeln sein, ein kurzes Finger- oder Greifspiel, ein kleiner Reim oder eine Liedzeile.

Elemente der Eltern-Kind-Bindung

Zu den wesentlichsten Elementen zählen der Körper- und Blickkontakt, Geruch, Stimme, Sprache, Gestik, Mimik. Außerdem sind zuverlässige Fürsorge, Hormone, Wärme und Nahrung wichtig.

Die wichtigste Eigenschaft von uns Menschen ist die Fähigkeit, Beziehungen zu anderen Menschen aufzubauen und sie zu erhalten.

Während der ersten gemeinsamen Zeit lernen die Eltern, die Signale ihres Kindes zu deuten. Gleichzeitig lernt das Baby, dass seine Signale und Bedürfnisse Beachtung finden.
Die »Bindungstheorie« des englischen Psychoanalytikers John Bowlby geht davon aus, dass Bindung eines der elementaren Lebensbedürfnisse der Menschen ist, gleichrangig mit der Nahrungsaufnahme. Eine so genannte »sichere Bindung« entsteht zu einigen wenigen Menschen, die sich dem Kind verlässlich, verständnisvoll und einfühlsam zuwenden. Dies ist die Voraussetzung dafür, dass es Vertrauen zum Erwachsenen gewinnt, zu sich selbst und zu seiner Umwelt. In dieser Beziehung ist die positive Wirkung der Babymassage nicht zu unterschätzen. Wenn Sie also Ihrem Baby über die Massage positiven Körperkontakt schenken, geben Sie ihm einen sehr wichtigen Baustein für seine Fähigkeit, beglückende Beziehungen einzugehen. Schon jetzt, im jungen Säuglingsalter, bestärken Sie Ihr Kind darin, das zu tun oder zu lassen, wonach ihm zumute ist, sodass es später schlechte Erfahrungen überwinden oder seine Abneigung zu etwas äußern kann.

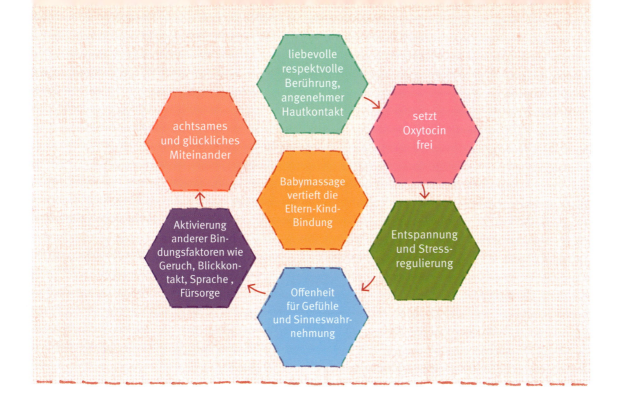

Was ein Baby braucht

… ist mit sechsmal Z gut zu merken:

Zärtlichkeit
Zuneigung
Zeit
Zuverlässigkeit
Zuhören
Zurückziehen lassen

Blickkontakt und Geruch

So wie wir Erwachsenen beim Flirten als erste Signale unsere Blicke schweifen lassen, bis sie bei dem Menschen hängen bleiben, den wir besonders mögen, oder wie bei einem verliebten Pärchen, das seine Augen nicht voneinander lassen kann, funktioniert auch beim Baby und seinen Eltern Blickkontakt als Bindungssignal. Dazu kommt der Geruchssinn. Die Redensart »jemanden gut riechen zu können« oder »jemanden nicht riechen können« beschreibt sehr eindrucksvoll die Bedeutung des Geruchs bei der Bindungsaufnahme. Auch die Partnersuche funktioniert ja bekanntlich auf der Basis dieser »Lockstoffe«, ob uns das nun bewusst ist oder nicht. Der Geruch des eigenen Babys lässt Eltern oft dahinschmelzen, und umgekehrt erkennt Ihr Baby Sie von Anfang an an Ihrem Geruch.

BABYMASSAGE – EINE ZWEITE CHANCE FÜR DIE BINDUNG

Manchmal läuft es trotz aller guten Bemühungen nicht so, wie sich die Eltern die Geburt ihres Kindes vorstellen. Eine frühe Trennung von Mutter und Kind kann den Aufbau der Mutter-Kind-Bindung während der so wichtigen Prägungsphase sehr erschweren. Hier kann mit der Babymassage das Versäumte nachgeholt werden. Schritt für Schritt können sich Eltern und Kind einander annähern, sich neu entdecken und Wunden heilen. Väter können mit der Babymassage die Nähe zu ihrem Kind nachholen, die ihnen oft versagt bleibt.

Jürgen Grah, Babymassage-Kursleiter, Tagesvater und Väterbegleiter, berichtet aus einem seiner Babymassagekurse:
Martin kommt mit seinem Sohn Paul zu spät zur ersten Babymassageeinheit. Schnell ist mir klar, dass Martins Schweißperlen auf der Stirn nichts mit der angenehm warmen Raumtemperatur zu tun haben. In der Vorstellrunde erzählt Martin von der »schwierigen« Geburt. Er hatte sich auf die Geburt gefreut und war gut darauf vorbereitet. Zunächst war alles gut verlaufen, und Martin hatte das Gefühl, dass er seiner Partnerin hilfreich zur Seite stehen konnte. Doch leider kam alles anders: ein Notkaiserschnitt erlaubte es Martin nicht mehr, bei der Geburt seines Kindes dabei zu sein. Die ersten Wochen nach der Geburt waren enorm anstrengend. Paul hat viel geweint und war ständig unruhig. Martin kommt in der ersten Kursstunde nicht dazu, seinen Sohn zu massieren. Am Schluss bedanke ich mich bei Martin, dass er geblieben ist und empfehle ihm, seinem Sohn in der kommenden Woche lediglich die Füße umschließend zu halten und sich auf sein »Weinen« wirklich einzulassen.

Nach ein paar Tagen erreicht mich folgende Mail:

Lieber Jürgen,
letzte Nacht ist etwas »passiert«. Paul wurde, wie jede Nacht, schreiend wach. Nachdem meine Frau alles gegeben hatte, bat sie mich zu übernehmen. Ich war müde, genervt und hatte eigentlich gar keine Lust auf Pauls Schreiattacken. Nachdem ich Paul eine halbe Stunde auf dem Arm durch die Wohnung getragen hatte, fielen mir deine Worte wieder ein. Ich legte Paul auf die Wickelkommode, zog ihn aus und hielt seinen Fuß umschließend mit meinen Händen. Ich sagte ihm, dass es okay sei, dass er weint und ermutigte ihn, mir »seine Geschichte« zu erzählen. Und dann liefen plötzlich bei mir die Tränen. In meiner Erinnerung stand ich wieder alleingelassen mit meinen Ängsten um meine Partnerin und um mein Kind vor dem Operationssaal. Ich hatte meinen Sohn doch so gerne in Empfang nehmen wollen.
Ein paar Minuten später hatte ich plötzlich das Gefühl, dass der »Sender« einen »Empfänger« gefunden hatte. Paul legte auf einmal Weinpausen ein, sah mich an und seufzte. Dann guckte er wieder weg und fing wieder an zu schreien. Immer öfter machte er Weinpausen und nach einer halben Stunde hörte er ganz auf zu weinen. Ein paar Minuten später schlief er auf meinem Arm ein. Ich legte mich mit ihm auf die Couch und schlief ein. Am nächsten Morgen erwachte Paul in meinen Armen und sah mich an. Ich hatte das erste Mal das Gefühl, dass ich ihn trösten konnte. »Vater sein« fühlt sich gut an.
Vielen Dank! Ich freue mich auf die nächste Babymassageeinheit in Deinem Kurs.
Martin

Viele gute Ratschläge

Wer kennt sie nicht, wohlmeinende Verwandte und Freunde, hellhörige Nachbarn, die Empfehlung von Kinderarzt und Hebamme, dazu Tipps aus Zeitschriften und Internet. Alle haben aus ihrer Sicht recht, obwohl oft jeder etwas anderes sagt und sich die Meinungen zu widersprechen scheinen.
Zugang zu vielen Informationen zu haben, macht es nicht immer leichter. Nicht selten erleben sich die Eltern angesichts so vieler guter Ratschläge als völlig blockiert für die eigene innere Stimme.

Eltern sind Experten für ihr Kind

Machen Sie sich bewusst: Sie allein bringen Ihr Kind sicher durch den Tag. Sie haben die Kompetenz dafür und tragen die Verantwortung. Und dabei dürfen Sie sich viel zutrauen. Verlassen Sie sich auf Ihre Intuition. Kinder nehmen sehr genau wahr, ob ihre Eltern in Übereinstimmung mit diesem inneren Wissen handeln oder nicht.

> »Glaube nichts, egal wo du es liest,
> wer es gesagt hat,
> auch nicht, wenn ich es sage.
> Es sei denn, es stimmt
> mit Dir und Deinem eigenen
> Menschenverstand überein.«
>
> Buddha

Hoch schlagen die Wellen der Emotionen, wenn ein Kind geboren wurde. Für Sie als Eltern sind das

KLARE KOMMUNIKATION

Klare Kommunikation beginnt damit, die eigenen Gefühle wahrzunehmen und dazu zu stehen. Es ist heilsam, unseren Kindern dies vorzuleben – manchmal lernen wir es jedoch von unseren Babys und Kindern. Ist es nicht gut, solch kompetente Familienmitglieder zu haben? Im Umgang mit ihnen werden wir vor manche Fragen an uns selbst gestellt. Versuchen wir ehrliche Antworten zu geben und echte Gefühle zu zeigen.

meist unbeschreibliche Glücksmomente, aber es gibt auch die dunklen Seiten. Schlafmangel, Erschöpfung, Unsicherheit, Gereiztheit oder eine angespannte Familienatmosphäre können das gegenseitige Kennenlernen sehr erschweren.
Selbst zwischen »großen« Leuten, die sich alle mit Worten ausdrücken können, kann Kommunikation zuweilen recht schwierig sein. Da kann uns das Schreien eines Babys verunsichern, zumal es uns nicht mit Worten sagen kann, was es in diesem Augenblick gerade braucht.
Nehmen Sie sich Zeit, erst einmal tief durchzuatmen (siehe Seite 18), denn vor dem Reden kommt das Verstehen. Kaum jemanden von uns lässt Babygeschrei kalt. Es berührt uns und weckt mitunter auch unbewusste Erinnerungen an eigene schmerzliche Erfahrungen. Das gilt es als Erstes zu verstehen, anzunehmen und zu respektieren. Denn erst wenn unsere eigenen Emotionen frei fließen können, sind wir selber frei, die eines anderen Menschen wahrzunehmen.

PETRA UND LEO

Petra geht mit ihrem zwei Monate alten Leo in einen Kurs für Babymassage. Leo hat sich als ausgesprochenes »Genießerbaby« erwiesen, das sich gerne und ausgiebig massieren lässt. Aber heute schreit Leo von Anfang an. Petra wiegt ihn, tröstet ihn, versucht ihn anzulegen – nichts hilft. Da macht Petra ihrem Ärger über den Busfahrer Luft, der sie mit Kinderwagen einfach nicht mitnehmen wollte, und fängt auch an zu weinen. Schlagartig war Leo ruhig und nach ein paar Schluchzern war die Spannung gelöst.

Fazit: Zuerst sind Sie Experte oder Expertin für sich selbst und danach erst für Ihr Baby.

Babys spüren wie kein anderer, ob wir ehrlich mit unseren Gefühlen umgehen, oder ob wir uns nur anpassen oder gut benehmen wollen. Weil sie sich noch so sehr eins mit ihrer Mama fühlen und ihre eigenen Grenzen erst kennenlernen müssen, drücken sie oft ehrlich und lautstark aus, was sich ein Erwachsener nicht traut. So war es jedenfalls bei Leo und Petra. Was aber, wenn Leo weitergeweint hätte? Dann wäre Petra, nachdem sie sich Luft gemacht hat, frei gewesen zu hören, was Leo wirklich zu sagen hat. Die achtsame Haltung, die Sie bei der Babymassage sich selber und dem Baby gegenüber einnehmen müssen, hilft Ihnen, Stresssituationen zu durchschauen. Nicht umsonst rieten unsere Großmütter, wenn alles drunter und drüber ging, dazu: »Erst einmal tief durchatmen – und dann sehen wir weiter.«

In dieser Lebensweisheit steckt mehr als ein Körnchen Wahrheit; denn je entspannter die Eltern sind, desto ausgeglichener ist das Baby. Einfache Atemübungen helfen Stress abzubauen. Sie können sich damit kurz aus dem Geschehen herausnehmen und die Situation mit Abstand betrachten. Ihr Baby kann sich auch nur in dem Maße entspannen, wenn Sie selber nicht unter Stress stehen.

ATEMÜBUNG FÜR ELTERN

Die verbundene Bauchatmung eignet sich auch gut zur Einstimmung vor jeder Babymassage. Wenn Sie ganz in Ihrer Mitte sind, können Sie Ihr Baby besser wahrnehmen. Schweißbildung, Körpergeruch und Hauttemperatur ändern sich je nachdem, wie entspannt, aufgeregt oder aktiv Sie sind. Das alles spürt Ihr Kind auch.

- Lenken Sie Ihre Aufmerksamkeit auf Ihren eigenen Atem und werden Sie ruhig.
- Atmen Sie durch die Nase tief in den Unterbauch. Beobachten Sie, wie sich der Bauch beim Einatmen vorwölbt und beim Ausatmen wieder abflacht. Schweifen Ihre Gedanken ab, dann bringen Sie sie wieder zur Beobachtung Ihres Atems zurück.
- Atmen Sie wenige Minuten ohne Pause durch die Nase ein und aus. Diese Übung bringt Sie wieder in Ihre eigene Mitte.
- Üben Sie anfangs regelmäßig ein- bis zweimal täglich für einige Minuten und schauen Sie, wie sich das anfühlt. Danach nach Bedarf anwenden.

Die Körpersprache des Babys – Was will es Ihnen sagen?

Zum Glück sind Babys mit der Fähigkeit geboren, uns mitzuteilen, was sie brauchen und was nicht. Wir Erwachsenen sind in der Lage, die Signale von Neugeborenen verstehen zu lernen. Wenn die Babymassage zu einem Wohlfühlerlebnis für Eltern und Kind werden soll, ist es wichtig, die Körpersprache des Babys richtig deuten zu lernen. Dieser intensive Austausch, wie ihn die Babymassage bietet, ermöglicht ein viel schnelleres Kennenlernen als bei einem distanzierteren Erziehungsstil, und es ist sehr beglückend für Eltern und Baby, diese Nähe zu Ihrem Kind zu spüren.

Die Kontaktaufnahmesignale sind von Kind zu Kind sehr unterschiedlich ausgeprägt. Sie sind auch abhängig von Ihrer ganz individuellen Sprache, die Sie füreinander haben und die sich permanent weiterentwickelt. Einige Signale sind jedoch bei vielen Babys ähnlich, wenn sie zeigen, dass sie Kontakt suchen. Im Kasten Kontaktaufnahmesignale auf Seite 20 finden Sie eine Aufstellung.

Möchte Ihr Baby Kontakt aufnehmen, ist es auch bereit für eine Massage.

Der beste Zeitpunkt für eine Massage ist ein ruhiger aufmerksamer Zustand. Haben Sie durch einige dieser Signale die Zustimmung Ihres Babys zur Massage bekommen, beobachten Sie während der Massage aufmerksam, was es dazu zu sagen hat. Die vielen neuen Berührungsreize fordern es geradezu heraus, sich zu äußern. Seine Körpersprache verfeinert sich immer mehr und wird vielfältiger. Ihr Baby wird Ihnen mitteilen, welche Massagegriffe es mag und welche nicht, ob es schneller, langsamer, fester oder zärtlicher zugehen soll, ob jetzt vielleicht ein anderes Bedürfnis wichtiger ist, oder es vielmehr seine Ruhe braucht.

BEWUSSTSEINSZUSTÄNDE DES BABYS

› Tiefschlaf
› REM-Schlaf (Traumschlaf)
› Aufwachend verträumt
› Ruhig aufmerksam – ideal zum Lernen und für die Babymassage
› Wach erzählend – das Baby beschäftigt sich zufrieden mit sich selbst
› Unruhig, ein Bedürfnis anmeldend
› Das Baby weint.

So zeigt Ihr Baby, dass es sich zurückziehen möchte

Ebenso wie es seine Bereitschaft zu Kontakt signalisiert, zeigt Ihr Baby auch ganz deutlich seinen Rückzug an: etwa, wenn es genug Massageeinheiten bekommen hat, vielleicht müde ist oder andere Bedürfnisse Vorrang haben.

Wenn es dem Baby nicht gelingt, sich zu beruhigen und den Rückzug anzutreten, gerät es nicht selten aus der Balance und kann sich nicht anders helfen, als laut zu weinen. Spätestens bei diesem verzweifelten Zeichen sollten Sie die Massage abbrechen. Auf der folgenden Seite finden Sie eine Übersicht mit gängigen Verhaltensweisen eines Babys.

SO ZEIGEN BABYS, DASS SIE KONTAKT AUFNEHMEN MÖCHTEN:

EINFACH ZU DEUTEN

IHR BABY
- schaut Sie an
- hält bei seinen Bewegungen inne
- dreht den Kopf zu Ihnen
- lächelt
- schmatzt
- gluckst
- brabbelt, erzählt
- antwortet Ihnen mit Strampeln, munteren Arm- oder anderen Körperbewegungen
- macht ein »Ooh-Gesicht«, bei dem es einen runden Mund macht und die Lippen o-förmig schürzt

NICHT SO EINFACH ZU DEUTEN

IHR BABY
- macht fließende Bewegungen der Arme und Beine
- hat entspannte Gliedmaßen und leicht geöffnete Hände
- führt die Handflächen zur Mittellinie des Körpers
- hat entspannte Schultern, die nicht zum Nacken hochgezogen sind
- macht leuchtende, große Augen
- hat einen lebhaften Gesichtsausdruck
- hebt das Köpfchen

SO ZEIGEN BABYS, DASS SIE SICH ZURÜCKZIEHEN MÖCHTEN:

EINFACH ZU DEUTEN

IHR BABY
- dreht Kopf oder Körper weg
- »meckert« und/oder weint
- windet sich oder tritt
- hustet oder würgt
- spuckt oder erbricht
- überstreckt den Rücken
- schläft ein
- wird blass oder hochrot
- gähnt

NICHT SO EINFACH ZU DEUTEN

IHR BABY
- bekommt Schluckauf oder niest wiederholt
- macht plötzliche steife Bewegungen der Arme und Beine
- hat einen starren Blick, starrt auf einen Punkt
- hat glasige Augen, die durch einen Gegenstand hindurch zu blicken scheinen
- löst den Blickkontakt
- hält die Arme wie zum Gruß in die Luft
- ballt seine Hände zur Faust oder spreizt die Finger weit auseinander
- wirkt insgesamt schlaff oder erschöpft, lässt zum Beispiel seinen Mund offen herabhängen

MÄXCHEN WEINT.

Die Großmutter hört: *»Ich habe Hunger!«*
Sie selbst ist in den Nachkriegsjahren groß geworden und das Hungergefühl beherrschte schmerzlich ihre Kindheit.

Der Großvater hört: *»Ich will nicht gehorchen!«*
Er hatte einen sehr strengen Vater, dessen Wille immer mehr galt als sein eigener.

Die Mutter hört: *»Ich bin müde!«*
Sie ist schon so erschöpft, dass sie am liebsten selber gleich einschlafen möchte.

Der Vater hört: *»Ich habe Schmerzen!«*
Es muss doch eine krankhafte, schlimme Ursache für das Geschrei geben – sonst würde das Kind doch nicht weinen.

Das Schwesterchen hört: *»Ihr versteht mich nicht!«*
Sie ist wütend und schimpft: *»Typisch Erwachsene – vor lauter Reden haben sie das Zuhören verlernt. Sie denken vielleicht auch noch, ich verwöhne das Baby, bloß weil ich bei ihm bin!«*

MÄXCHEN WEINT IMMER NOCH.

Die Großmutter sagt: *»Gebt dem Kind etwas Ordentliches zu essen. Die Muttermilch reicht sowieso nicht, und es gibt doch heute alles zu kaufen.«*

Der Großvater sagt: *»Ihr müsst euer Kind eben besser erziehen, sonst tanzt es euch später erst recht auf der Nase herum.«*

Die Mutter weint nun auch und fühlt sich unfähig. Der Vater telefoniert mit dem Arzt – und Mäxchen weint noch lauter.

Währenddessen schleicht das Schwesterchen heimlich ins Kinderzimmer, klettert in Mäxchens Kinderbett und legt den Arm um ihn. Beide weinen und erzählen sich etwas über die Dummheit der Großen – jeder in seiner eigenen Sprache.

Als sich die Großeltern mit vielen guten Ratschlägen verabschieden, bemerken sie gar nicht, dass es im Kinderzimmer ruhig ist.

Die Eltern finden im Kinderzimmer zwei friedlich schlafende, aneinandergekuschelte Kinder.

Vater umarmt Mutter und wundert sich, dass ihr ein paar tiefe Seufzer an seiner Brust wohler tun, als all die vielen guten Ratschläge.

Der Arzt wurde diesmal nicht gerufen und kann nun anderen Menschen helfen.

Mäxchen wird sicher noch oft im Leben weinen, aber er weiß jetzt, dass ihm jemand zuhört und versteht. Das gibt ihm Halt und Kraft, die noch unbekannte Welt zu entdecken.

Auf Babys Signale reagieren

Nun haben Sie viele Beispiele für die Körpersprache unserer Jüngsten kennengelernt und vielleicht mit Ihrem eigenen Kind verglichen oder möglicherweise etwas anderes entdeckt. Natürlich können die Aufzählungen in diesem Buch die Vielfalt des Lebens nicht vollständig wiedergeben. Wie reagieren Sie auf die Signale Ihres Kindes?

Spiegeln und Nachahmen

Meist ahmen wir mit unseren Reaktionen unbewusst die Mimik und Körpersprache unseres Babys nach, runzeln die Stirn, lächeln oder reißen den Mund auf. Dieses »Spiegeln« ist ein Zeichen dafür, dass Sie die Gefühle und Signale Ihres Babys nachempfinden können. Je häufiger dies stattfindet, desto besser lernen Sie sich gegenseitig kennen. Nach drei, vier Monaten funken und empfangen Eltern und Kind auf derselben Wellenlänge. Schritt

»Erzähl es mir. Ich hör dir zu«, flüstert Papa und hält sein Baby tröstend im Arm.

für Schritt haben Sie sich dann aufeinander eingespielt oder besser gesagt »eingespiegelt«: Das Spiegeln beschert sowohl den Eltern als auch den Kindern Lernfortschritte.

Sie lernen allmählich zeitnah auf das Weinen zu reagieren und die Gefühle des Babys ernst zunehmen. Das versteht ein Kind auch ohne Worte.

Je besser Sie Ihr Baby und seine Signale kennen, desto weniger muss es sein lautestes Signal, das Weinen, einsetzen.

Trösten und Nähe geben

Vom Weinen und Trösten ist in diesem Buch öfter und unter verschiedenen Aspekten die Rede. Bei den meisten Menschen ruft das Weinen eines Babys starke Gefühle hervor.

TRÖSTEN MIT EINFÜHLUNG

Ein Baby, das weint, wird in der Babymassage gehalten und liebevoll umschlossen. Ihre innere Haltung kann dem Baby signalisieren: »Dein Weinen ist okay, ich bin für dich da und höre dir zu.« Es geht also nicht darum, dass das Baby möglichst schnell beruhigt wird, sondern darum, dass es sich mit Ihrer Hilfe selbst beruhigen kann. Das gelingt leichter, wenn Sie sich einfühlen, es bestärken und Verständnis zeigen. Dann wird es sich bald beruhigen.

Die Geschichte »Mäxchen weint« auf Seite 21 zeigt, wie unterschiedlich Menschen auf ein schreiendes Baby reagieren können.

Weinen erleichtert, es hilft uns Spannungen abzubauen und besonders hilfreich ist dabei, wenn wir das Mitgefühl eines lieben Menschen haben oder sogar liebevoll im Arm gehalten werden. Das empfinden große und auch kleine Leute gleichermaßen. Manchmal finden wir oder auch der Kinderarzt eine aktuelle Ursache des Weinens einfach nicht heraus. Es kommt vor, dass Zuhören, Nähe und Mitgefühl geben das Einzige ist, was wir tun können, um unser Kind durch diese Krise zu begleiten. Und dabei geht es auch um uns selbst.

Die Art, wie und wann wir auf das Weinen eines Babys reagieren, ist wichtig für sein Selbstwertgefühl, sein Vertrauen in die Welt und dafür, wie es zwischenmenschliche Beziehungen erlebt und gestaltet – kurz: für seine seelische und soziale Gesundheit.

RÜCKBLENDE AUF DIE EIGENE KINDHEIT

Schauen wir doch einmal zurück. Wie war es, wenn wir selbst weinen mussten und getröstet wurden? Sehr häufig hörten wir: »Es ist doch nicht so schlimm.« Aber: War dies wirklich ein Trost? Wie fühlte sich das an, wenn jemand anderes etwas über Ihre ureigensten Gefühle sagte, was gar nicht stimmt? Bevor Ihnen das: »Es ist doch nicht so schlimm«, über die Lippen kommt, halten Sie einen Moment inne, und ersetzen Sie den Satz durch:

»Du darfst so lange weinen, bis es wieder gut ist. Ich bin bei dir.«

Wenn es wirklich nicht so schlimm ist und das Baby sich nur Ihres Mitgefühls versichern will, werden Sie sehr bald Ruhe haben, ohne diese mit Manipulation zu erzwingen.

GIBT ES EINEN TRICK?

Manche Eltern fragen, ob es bei der Babymassage einen Trick gibt, mit dem man weinende Babys zur Ruhe bringen kann. Leider gibt es keinen Trick, um ein Baby auf Knopfdruck ruhigzustellen. Das Geheimnis liegt in der Fähigkeit, sich einzufühlen, die Gefühle des Babys zu respektieren und selber Ruhe und Halt auszustrahlen. Das alles können wir während der Babymassage hervorragend üben.

»Auf deinem Arm bin ich genauso stark wie du«, sagen Babys glücklich strahlende Augen.

Wohltuende, achtsame Berührung

Warum sind Streicheleinheiten so wichtig? Kinder, die viel einfühlsame Zuwendung und ungeteilte Aufmerksamkeit erfahren, sich richtig an Liebe sättigen können, werden kooperativer handeln als solche, die sich der Liebe und zuverlässigen Reaktion auf ihre Signale nie ganz sicher sein konnten. Letztere brauchen und kosten viel Kraft, weil sie oft quengeln, laut weinen, klammern, streiten oder gar ernsthaft krank werden.

Kinder, die ihr Bedürfnis nach viel körperlicher Nähe als Babys voll ausleben durften, werden häufig schneller unabhängig und selbstständig.

Die »Kuscheldosis«, die jedes Kind braucht, ist individuell verschieden. Aber am meisten brauchen Kinder die Nähe und ständige Präsenz der Eltern, wenn sie noch sehr klein sind. Auch für die Eltern ist diese intensive Zeit wichtig. Sie geht schneller vorbei, als man denkt, und lässt sich schwer nachholen. Haben wir diese Zeit ausgiebig genossen, können wir unsere Kinder leichter loslassen, wenn sie später auf eigene Entdeckungsreisen gehen – in der Nachbarschaft, auf Klassenfahrt, ins Auslandsjahr oder überhaupt in die selbstbestimmte Unabhängigkeit des Erwachsenenlebens.

»Verwöhnen« ist nicht gleich verwöhnen

Die Angst davor, dass wir unsere Babys »verwöhnen« könnten, weil wir zu schnell auf die kindlichen Signale reagieren und uns dem Baby zuwenden, war in unserer Eltern- und Großelterngeneration weit verbreitet. Entsprechende Bemerkungen aus Ihrem Umfeld kennen Sie vielleicht? Lassen Sie sich nicht verunsichern, sondern vertrauen Sie Ihrem Bauchgefühl oder Ihrer inneren Stimme. Sie sind die Experten für sich und Ihr Baby, Sie gestalten Ihre Familienbeziehungen unter den heutigen Bedingungen und auf dem heutigen Kenntnisstand und bereiten Ihr Kind auf die Lebenserfordernisse der heutigen Zeit vor.

Gerade in einer Welt des Wohlstandes, der schnell wechselnden Angebote und Möglichkeiten sowie der digitalen Medien, wird es immer wichtiger, sich der eigenen Bedürfnisse bewusst zu sein.

DIE BABYUHR

Babys haben ein anderes Zeitgefühl als Erwachsene. Schon wenige Minuten Weinen erscheinen ihnen wie eine Ewigkeit, und sie fühlen sich mutterseelenallein. Um das nachzuvollziehen, versetzen Sie sich in Ihre eigene Kindheit: Wie lange das immer dauerte, bis wieder Weihnachten war, oder Geburtstag! Und wie empfinden wir das heute? Wie schnell gehen die Tage, Wochen oder Jahre dahin? Bedenken Sie: Das Zeitempfinden Ihres Babys ist ganz anders als Ihr eigenes.

BABYMASSAGE GIBT URVERTRAUEN

Denn darauf beruhen emotional befriedigende Kontakte und die Fähigkeit, eigene Entscheidungen zu treffen. Mit liebevoller Babymassage, die die Gefühle des Babys respektiert, können Sie Ihr Baby nur im positiven Sinne verwöhnen.

Und mit einem zeitnahen Reagieren auf sein Weinen fördern Sie eine klare liebevolle Kommunikation, die Tricksereien überflüssig macht. Wenn Sie Ihrem Kind das Gespür für die eigenen Bedürfnisse schon im Säuglingsalter zugestehen, verankern Sie dieses Gespür fest in seinem ganzen Leben.

Der Weg zum inneren Gleichgewicht

Eine der wichtigsten ersten Entwicklungsaufgaben des Babys besteht darin, dass es lernt, sein inneres Gleichgewicht zu finden oder wie es in der Fachsprache heißt: sich selbst zu regulieren. Speziell in den ersten drei bis vier Lebensmonaten braucht das Baby dafür noch die Unterstützung seiner Eltern. Sie setzen die Rahmenbedingungen und entscheiden, ob Sie Ihrem Kind Stimulation bieten oder es vor Reizüberflutung schützen möchten und beobachten Ihr Kind.

Respektieren Sie die Rückzugssignale Ihres Babys, denn nur dann hat das Kind die Möglichkeit, seine eigene Balance zwischen Anregung und Entspannung selbst zu finden und auszuprobieren.

Das Baby lernt dann beispielsweise: »Ich kann die Beine anhocken und mich zur Seite drehen, um optischen Reizen zu entgehen.« Auf diese Art kann Ihr Baby ungestört seinen eigenen Ideen nachgehen und seinen Forscherdrang entwickeln. Das sind seine allerersten Entdeckungsreisen. Unterstützen Sie Ihr Baby bei diesen Alleingängen und unterbrechen Sie gegebenenfalls die Massage.

So finden Babys ihr inneres Gleichgewicht

Beobachten Sie, wie Ihr Baby seine Mitte findet:
› Hände und/oder Füße gehen zueinander.
› Die Hand geht zum Mund.
› Es lutscht am Daumen.

So sucht Ihr Baby nach Halt:
› Das Baby lehnt sich an oder sucht Körperkontakt.
› Es robbt zum Bettrand und sucht dort Halt.

Auf diese Weise zieht Ihr Baby sich zurück:
› Das Baby saugt.
› Es löst den Blickkontakt.
› Das Baby schläft ein.

So können Sie Ihr Baby in diesem Verhalten unterstützen und bestärken:
› Unterstützen Sie sein Bemühen, Hände und/oder Füße zusammenzuführen, dadurch fühlt sich Ihr Baby verstanden.
› Bestrafen Sie es nicht fürs Daumenlutschen, denn aus Babys Sicht ist dies eine sinnvolle und folgerichtige Handlung.
› In den ersten Lebenswochen gibt Pucken, das feste Einwickeln in eine Babydecke, zusätzlichen Halt auf Mamas oder Papas Arm.
› Richten Sie Babys Schlafplatz eng und gemütlich ein, sodass es ringsum Halt findet oder schlafen Sie mit Ihrem Baby gemeinsam.
› Halten Sie während der Massage inne und geben Ihrem Baby Zeit, sich selbst zu entdecken beziehungsweise sich selber zu regulieren.

Erlebt ein Baby, dass sein Verhalten verstanden wird, fühlt es sich bei Ihnen sicher und geborgen. Die Kommunikationsbasis stimmt.

»Oh ja, ich will massiert werden«, freut sich Baby, als es Mamas eingeölte Hände sieht.

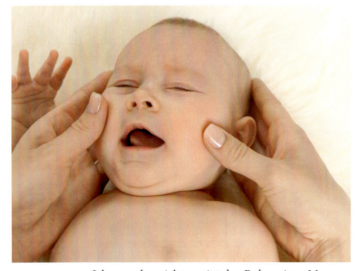

»Ich mag das nicht«, zeigt das Baby seiner Mama, wenn es nicht massiert werden möchte.

Was bedeutet Berührung mit Respekt®?

Was können wir mit Berührungen nicht alles ausdrücken? Und in welcher Situation sind bestimmte Berührungen besonders angenehm oder unangenehm? Gehen wir dazu wieder einmal in unsere eigenen Kindheitserinnerungen zurück:
Wie fühlte es sich an, wenn wir rührselige Umarmungen oder gar feuchte Küsschen von wohlmeinenden Tanten über uns ergehen lassen mussten? Oft wurden wir damit überrumpelt, mochten ihr Parfum nicht ... Hatten wir eine Chance, ja oder nein zu sagen? Hätten wir uns getraut, dieses gut gemeinte Verhalten abzulehnen?
Machen wir uns klar: Eine Berührung können wir aber nur genießen, wenn
› wir selber berührt werden möchten,
› wir denjenigen mögen, der uns berühren möchte,
› wir darauf vertrauen können, dass unsere Grenzen respektiert werden; das heißt, dass derjenige aufhört, wenn wir es wünschen.

Auch Ihr Baby setzt seine Grenzen. Aus diesem Grund ist es wichtig zu fragen, ob es überhaupt massiert werden will und die Antwort, die es Ihnen mit seiner Körpersprache gibt, zu respektieren. Genau das meint der Slogan der Deutschen Gesellschaft für Babymassage (DGBM) »Berührung mit Respekt®« als Grundlage für ihr Massagekonzept. Ihre Kurse sind so konzipiert, dass die Bedürfnisse der Babys im Vordergrund stehen und kein Kind zu etwas gezwungen wird, was es gerade nicht mag. Im Kurs geht es darum, die Bedürfnisse Ihres Kindes besser kennenzulernen. Außerdem lernen Sie auf die Signale Ihres Kindes angemessen zu reagieren, denn auch bei der Massage zu Hause ist es wichtig, die Signale des Babys zu respektieren.

SO FRAGEN SIE IHR BABY UM ERLAUBNIS

Auch wenn es Ihnen vielleicht etwas übertrieben vorkommt, Ihr Kind mit den folgenden Schritten wirklich zu befragen, viele Eltern haben auf diese Weise gelernt, ihr Kind zu verstehen.
› Damit Sie ganz sicher sein können, dass Ihr Kind jetzt die Massage mag, zeigen Sie ihm Ihre flachen Hände oder Sie verreiben außerdem ein wenig Öl zwischen den Händen.
› Halten Sie Ihre Hände in so einem Abstand, dass das Kind Sie gut sehen und eventuell sogar nach Ihren Händen greifen kann. So kann Ihr Baby zeigen, dass es jetzt Kontakt zu Ihnen möchte.
› Fragen Sie es dabei: »Möchtest du jetzt massiert werden?« Dazu ist kein Spiel nötig, da dieser Vorgang ein ganz einfaches Ritual ist, das Ihr Kind sehr schnell verstehen wird.
› Ihr Kind kann Ihnen klar signalisieren, ob es möchte oder nicht. Will es nicht, schaut es vielleicht weg, fängt zu quengeln an oder wird unruhig und bewegt Ihre Hände zur Seite weg.

Die Erfahrung über den eigenen Körper selbst bestimmen zu können, wird auf diese Art tief verinnerlicht. Dadurch wird das Kind langfristig gestärkt und außerdem in die Lage versetzt, sich später gegen Übergriffe zu wehren.
Sie sehen, der Grundstein für Mut wird gleichermaßen mit dem Grundstein für Vertrauen gelegt. Ihr Baby bekommt beides mit diesem kleinen Ritual der Babymassage ganz selbstverständlich mit auf den Lebensweg, und zwar für sein ganzes Leben.

So unterschiedlich können Berührungen wirken

Obwohl wir alle individuell empfinden, lässt sich allgemein feststellen, wie unterschiedlich Berührungen wahrgenommen werden können.
› Ist Ihr Kind ängstlich und unsicher, wird ihm eher ein fester, bestimmter Griff Halt geben. Auch eine großflächige, umschließende Haltung oder Umarmung gibt Ihrem Kind ein Gefühl der Sicherheit.
› Ist Ihr Kind eher verkrampft oder angespannt, helfen zarte oder vibrierende Massagegriffe.
› Massagegriffe, die vom Körper wegführen, wirken entspannend, während solche, die zum Körper hinführen, eher anregend wirken.
› In kitzeligen Körperregionen werden großflächige, feste Massagegriffe eher als angenehm empfunden als zarte, flüchtige.

BITTE NICHT KITZELN

Wichtig: Vermeiden Sie es bitte unbedingt, Ihr Baby durchzukitzeln – auch wenn es dabei scheinbar lacht. Es ist dem Kitzeln völlig hilflos ausgeliefert, hat keine Chance »stopp« zu sagen, kann sich überhaupt nicht wehren und wird leicht überstimuliert. Entscheidend ist immer, dass sich Ihr Baby bei der Massage wohlfühlt.

Förderung der Entwicklung

Das Baby kommt aus der Schwerelosigkeit des Mutterleibs. Es kann seinen eigenen Körper noch nicht wahrnehmen, ehe es zum ersten Mal berührt wird. Sie als Eltern sind die ersten Kontaktpersonen und können Ihr Kind unterstützen.

Das Bewusstsein für den eigenen Körper entdecken

Massage ist Körperwahrnehmung und hilft dem Baby, seinen Körper zu erfahren und sich darin wohlzufühlen. Ganz spielerisch lernt und entdeckt das Baby: Wo höre »ich« auf, und wo fängt »nicht ich« an? Und nicht zuletzt kann das Kind aus einer guten Körperwahrnehmung heraus seinen Körper sehr bewusst und gezielt bewegen und koordinieren.

DER TASTSINN ENTWICKELT SICH

Schon in den ersten Schwangerschaftsmonaten entwickelt sich als Erstes das Tastempfinden. Über die »berührenden« taktilen Sinnesinformationen sammelt das Baby Informationen über die Art und Beschaffenheit seines eigenen Körpers. Indem das Baby lernt, mit den Wahrnehmungen umzugehen, die es über seine Haut macht, lernt es allmählich auch seinen eigenen Leib kennen, denn der Tastsinn befindet sich nicht nur in unseren Fingerspitzen, sondern in der gesamten Hautfläche des Körpers. So lernt das Kind erst im Laufe der Zeit nur über die Berührung, dass ein Händchen, das im Blickfeld erscheint, zu ihm gehört.

Das sind erste Ich-Erfahrungen verbunden mit angenehmen Gefühlen. Der Tastsinn vermittelt dem Baby über berühren und berührt werden den Unterschied zwischen innen und außen, zwischen hart und weich, zwischen weit und eng, warm und kalt, angenehm und unangenehm. Auf diese Weise erfährt das Kind, dass es einen eigenen Körper hat, mit dem es seine Welt »begreifen« kann. Deshalb braucht Ihr Baby in den ersten drei Lebensmonaten viel körperliche Zuwendung über die reine Babypflege hinaus, zum Beispiel die Babymassage.

Mit Sinnesreizen die Entwicklung des Gehirns anregen

In den ersten drei Lebensjahren werden in rasantem Tempo besonders viele neue Synapsen gebildet. Den Synapsen kommt deshalb eine so hohe Bedeutung zu, weil sie bei der Verarbeitung von Reizen eine wichtige Schaltstelle sind und damit dem Kind helfen, seine Umwelt immer besser zu verstehen. Sein Gehirn speichert Gefühlserfahrungen ab, kann sie sich also merken.

Mit jeder liebevollen Berührung aktivieren Sie Synapsen, das heißt die Bildung neuer Nervenverbindungen.

Zudem fördert der Berührungsreiz die Myelinisierung, das heißt im Ergebnis wird dadurch eine schnelle Reizleitung begünstigt. Mit Hilfe von Sinnesreizen, die aus Tast- und Bewegungserfahrungen herrühren, werden sinnvolle Nervenverbindungen aufgebaut und in ihrem Wachstum stimuliert. Nur wenn Reize stattfinden, können sich die einzelnen Fähigkeiten, wie Hören, Sprechen, Sehen,

Riechen und Fühlen, entwickeln. Auch der Wunsch, sich zu bewegen, und das Empfinden von Gefühlen werden durch Sinnesreize wie zum Beispiel Berührungen ausgelöst. Finden in bestimmten Bereichen keine oder zu wenige Reize statt, verkümmern die angeborenen Nervenbahnen des Reizleitungssystems und sie bilden sich zurück.

VERBESSERTE KÖRPERFUNKTIONEN

Indem wir mit wohltuenden Berührungen die Gehirn- und Sinnesentwicklung anregen, nehmen wir auch Einfluss auf die Körperfunktionen: Atmung, Herzschlag, Drüsenfunktionen, hormonelle Regulation, Wachstums- und Stoffwechselprozesse, all dies wird durch die Massagen angeregt und beeinflusst, denn unser Gehirn steuert auch diese Körperfunktionen.

ZEICHEN DER ENTSPANNUNG

Wenn im Entspannungszustand unter der Massage die Atmung tiefer, der Herzschlag ruhiger und die Muskulatur lockerer wird, wenn sich eine wohlige Wärme im Körper ausbreitet, die Haut rosig und gut durchblutet aussieht und der Bauch hörbare (beim Baby auch mal sichtbare und riechbare!) Signale seiner Aktivität von sich gibt, sind das Zeichen einer guten Entspannung.

Berührungen wirken über die sogenannten Reflexzonen auf die Organfunktionen ein. Reflexzonen sind Hautareale, die mit den unterschiedlichsten Körperteilen und Organsystemen gekoppelt sind. Am bekanntesten sind Reflexzonen an Händen und Füßen, aber auch am Rücken und den Ohren sind sie zu finden. Ist ein Kind, etwa bei Schmerzen in einer bestimmten Körperregion, besonders berührungsempfindlich, kann durch die Massage von Händen und Füßen Linderung erreicht werden.

BABYS NAHSINNE

Über den Berührungs-, Bewegungs-, Geschmacks- und Geruchssinn sowie das Temperaturempfinden können Babys wahrnehmen, dass sie nicht allein sind, und Kontakt zu Bezugspersonen aufnehmen. Im Abstand von 20 bis 30 Zentimetern kann ein Neugeborenes schon scharf sehen. Beim Hören bevorzugt es die hohen Frequenzen und vertraute Geräusche. Etwa zum Ende des dritten Lebensmonats sieht das Baby auch im Fernbereich scharf.

Selbstbewusstsein und Selbstwertgefühl

Ein Kind, das sich in seinem Körper rundum wohlfühlt, das gelernt hat, seine Bedürfnisse angemessen auszudrücken, Grenzen zu setzen und zu akzeptieren, und das weiß, dass es bedingungslos geliebt wird und sich so, wie es ist, äußern darf, steht stärker im Leben da, als wenn dieses Grundvertrauen fehlt. Mit der Babymassage können wir all diese Ressourcen in unseren Kindern anlegen und entwickeln. Dieses Selbstwertgefühl kehrt auch ohne Umwege zu Ihnen zurück.

Mit jedem Lächeln unseres Babys, jedem Entwicklungsschritt und jeder gemeinsam überstandenen Krise wachsen Sie in Ihrer elterlichen Kompetenz – als Frau und Mutter ebenso wie als Mann und Vater. Auch die größeren Geschwister profitieren vom Familienritual der Massage, das nach der Babyzeit keinesfalls an Bedeutung verliert. Derjenige, der massiert wird, bestimmt, wie es geht. Das gilt für Groß und Klein. Wenn das beachtet wird, kann in puncto Selbstwertgefühl nichts schief gehen.

REIME FÜR DIE SINNE

ES BLÄST

Es bläst, es bläst ein Hauch
Auf deinen Bauch.

Mama bläst Baby auf den Bauch.

Es bläst, es bläst der Wind
Das Schiff geschwind
Über'n See – juhee.

Mit den Händen ein Schiff bilden,
das auf den Wellen schaukelt.

Es bläst, es bläst der Sturm,
Da fällt der Turm
Um – bum.

Auf einen Turm zeigen, fest blasen,
damit er umfällt.

Es bläst, es bläst die Mama
Dem Baby ins Gesicht.
Das glaubst du nicht?
Du wirst's schon sehen –
das ist schön!

Jetzt bläst die Mama dem Baby zart ins Gesicht.

EINE KLEINE FEDER

Manchmal ist es schön, nur eine winzige Sache zum Spielen und Beobachten zu haben –, zum Beispiel eine Feder. Man kann die Feder vor den Augen des Kindes herabfliegen lassen, man kann sie davon pusten oder mit der Feder dem Kind zart über das Gesicht, die Arme und Beine streicheln.

Man kann aber auch eine ganze Wanne voll mit weichen Federn füllen und das Kind die Weichheit spüren lassen. Achtung, Federn sind später überall – also am besten gleich Staubsauger daneben stellen. – Vielleicht auch ein tolles Spiel, zuzuschauen, wie Federn eingesaugt werden?

DIE OHREN GESPITZT

Horch, horch, was hör ich da?
Die Ohren gespitzt.
Jetzt kann ich alles hören,
Von der Uhr das Ticken,
Das Summen der Mücken,

Vom Hund kommt Wauwau,
Von der Katze Miau,
Vom Auto das Brummen,
Von Oma das Summen,
Vom Baby das Weinen,

Das Grunzen von Schweinen,
Das Krähen vom Hahn,
und dann?
Fängt's wieder von vorne an.

Horch horch, was hör ich da?
Die Ohren gespitzt.

FASZINIERENDE TASCHENLAMPE

Licht in allen Variationen ist für Babys ab etwa drei Monaten einfach spannend. Wieder ein Augenblick des Staunens, wieder ein Wunder. Lassen Sie den Lichtkegel, wenn es dunkel ist, im Kinderzimmer über die Wand tanzen. Langsam, dann schneller. Hui, da bewegt sich das Licht auf das Baby zu und bleibt auf seinem Fuß sitzen. Vielleicht versucht Ihr Baby nun nach dem Licht oder nach dem Schatten zu greifen?

Zeigen Sie Ihrem Baby, dass man Licht aus- und anknipsen kann. Aus und an, aus und an. Dann wird sich Ihr Kind bald wie der König des Lichts fühlen. Mit der Taschenlampe lassen sich auch kleine Schattenspiele an die Wand werfen. Haben Sie ältere Kinder, können die Geschwister selbst die Taschenlampe nehmen und ihr Geschwisterchen mit den Zaubereien der Taschenlampe faszinieren.

Achtung: Das Licht nicht auf die Augen richten.

WIE FÜHLT SICH DIE WELT AN?

SPANNENDE ANREGUNGEN SELBST GEMACHT

Viele schöne und einfache Dinge, die Sie auch selber herstellen können, machen Freude und geben dem Baby spannende Anregungen. Und falls Ihnen im turbulenten Familienalltag noch der Freiraum für Basteleien fehlt – Großeltern, große Geschwister oder kreative Freunde freuen sich vielleicht, dem Baby etwas Selbstgemachtes schenken zu können.

FÜHLWÜRFEL
SECHSMAL FÜHLEN UND SCHAUEN

Babys müssen ihre Welt erst einmal erkunden. Wenn ein Baby die ersten Dinge greifen kann, landen diese meist direkt im Mund. Fühlwürfel mit verschiedenen Seiten machen Ihrem Baby sicherlich Spaß. Sie benötigen unterschiedliche Stoffreste und Füllwatte. Damit sich jede Würfelseite anders anfühlt, wählen Sie für jede Seite verschiedene Stoffarten, zum Beispiel Strickstoff, Cord, Jeans, Sofa- oder Mantelstoffe oder Teddyplüsch.

a. Schneiden Sie zuerst aus Papier ein Schnittmusterquadrat aus, so groß wie der Würfel werden soll, zum Beispiel 10 x 10 cm.

b. Stecken Sie das Schnittmuster auf den Stoff und geben ringsum 1 cm Nahtzugabe zu. Sie schneiden also Stoffquadrate mit einer Kantenlänge von 12 cm für einen Würfel mit 10 cm Kantenlänge aus.

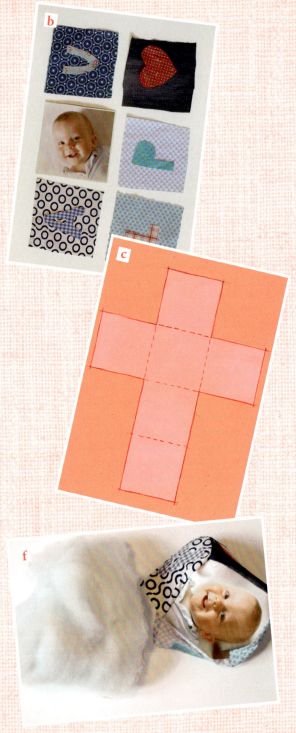

VARIANTE MIT BUCHSTABEN ODER BILDERN

b. Sie können auf jedes ausgeschnittene Stoffquadrat Buchstaben, Bilder oder Formen, wie Kreis, Quadrat oder Dreieck, aufnähen. Der Fantasie sind hier keine Grenzen gesetzt.

VARIANTE MIT EINEM BABYFOTO

Wenn Sie ein Quadrat mit einem Babyfoto versehen möchten, benötigen Sie ein digitales Foto, eine Bilddatei im PDF- oder JPG-Dateiformat.

b. Suchen Sie ein Foto aus und drucken Sie es auf Leinwandstoff oder Baumwollstoff aus. Sie können auch überall, wo Taschen oder T-Shirts bedruckt werden, ein Bild auf ein Stoffstück drucken lassen.

WÜRFEL FERTIGSTELLEN

c. Legen Sie sich vier Quadrate senkrecht in eine Reihe und je eins neben das zweite Quadrat von oben und nähen Sie zuerst da, wo in der Zeichnung gestrichelte Linien sind.

d. Danach nähen Sie die Außenkanten der Kreuzform zusammen, bis auf eine Naht, die offen bleibt, damit Sie die Füllwatte hineintun können.

e. Streichen Sie die Nähte mit dem Daumennagel aus, bevor Sie die Arbeit wenden.

f. Nun können Sie den Würfel mit Füllwatte ausstopfen und die letzte Naht mit kleinen festen Stichen von Hand schließen.

Wenn der Würfel rasseln soll, legen Sie ein Glöckchen oder ein mit harten Gegenständen halb gefülltes Döschen mitten in die Füllwatte.

WAS HÖR ICH DA?

*Pling pling pling
Macht in meiner Hand
Das Ding,*

*Ich schepper auf und nieder
Immer immer wieder.*

*Pling pling pling
Macht in meiner Hand
Das Ding.*

*Ich rassel hin und her,
Rasseln ist nicht schwer.*

*Einmal laut
Und einmal leise
Mach ich Krach
Auf meine Weise*

*Tschig tschig tschig,
Das macht mich froh
Und meine Mama ebenso!*

RASSELBANDE

Die schönsten Rasseln sind natürlich die selbstgemachten. Wichtig bei einer Rassel ist, dass das Baby die Rassel nicht öffnen kann, damit es die Kleinteile nicht verschluckt und dass es die Rassel gut greifen kann, um sie zu schütteln oder zu rollen.

Am besten eignen sich kleine Cremedosen oder die gelben Plastikbehälter, die sich in den Überraschungseiern befinden. Füllen Sie diese mit Reis, getrockneten Maiskörnern, Sand, Kieselsteinchen oder etwas Ähnlichem. Füllen Sie sie nicht ganz voll, damit der Inhalt schön rasseln kann. Verschweißen Sie Eier oder Dosen mit Wärme, um sie sicher zu verschließen.

SCHEPPERFLASCHEN ZUM HÖREN, SCHAUEN UND ROLLEN

Die durchsichtigen Getränkeflaschen mit verschiedenen Dingen gefüllt sind einfach faszinierend, vor allem wenn man sie rollt.
Füllen Sie die Flaschen mit Knöpfen, Murmeln, Konfetti, Nudeln, Reis, Glöckchen, Steinchen, Glitzerdingen oder mit ein wenig Wasser und einem Gummifisch, der darin schwimmt.

Wichtig ist, dass Sie die Flaschen nach dem Füllen fest zuschrauben. Auch größere Kinder sollten wissen, dass sie die Flaschen keinesfalls öffnen dürfen. Achten Sie zudem darauf, dass Ihr Kind Plastikflaschen nicht ständig in den Mund nimmt, ablutscht oder abkaut.

REIME FÜR GANZ KLEINE

AUFFORDERUNG ZUM TANZ

Mit dem Baby auf dem Arm oder im Tragetuch tanzen.

Darf ich bitten, der Herr?
Keine Angst, es ist nicht schwer,
Walzer, Foxtrott, Cha-cha-cha,
Einmal drehen, oh lala!
Ich ziehe meinen Hut,
Sie tanzen wirklich gut.
Und zum Schluss …
Gibt's noch einen Kuss.

Darf ich bitten die Dame,
Hier in meine Arme,
Boogie, Tango, Rock'n' Roll
Das macht Spaß, ja, das ist toll.
Einmal schnell im Kreis gedreht,
Guck mal an, wie gut das geht,
Und zum Schluss …
Gibt's noch einen Kuss.

KLEINES KÜKEN AUS DEM EI
EIN FLUGSPRUCH

Kleines Küken aus dem Ei
Breit die Flügel aus.
Armbewegung Flügel ausbreiten.

Und wir zählen eins zwei drei
Das Baby hochheben.

Fliiiiiieg in die Welt hinaus.
Baby in die Luft hochheben, erstaunt gucken und wieder auf den Arm nehmen.

Kleines Küken aus dem Ei
Bist du wieder da?
Ist dein Flugversuch vorbei,
Dann piep laut Hurra!
Bei Hurra das Baby umarmen oder die Arme jubelnd in die Luft heben und »fliegen« lassen.

GEISTERTUCH

Buhui buhu,
Hier kommt der kleine Geist,
Buhui buhu,
Von Schottland angereist,
Buhu buhui,
Er huscht hin und her
Buhu buhui
Auf und ab und kreuz und quer
Was pustet da in dein Gesicht?
Nein, der Geist, der war es nicht.
Buhu buhui – Hallo?
Wer da?
Ein Geist?
Nein, die Mama (oder der Papa)!

Das Tuch – am besten ein Jongliertuch, das ist schön leicht und auch etwas durchsichtig – wird immer wieder über das Babygesicht gelegt.

SCHAUKELREIM

Hin und her,
Schaukelbär
Wieg dich hin und her.
Bis zum Himmel, bis zum Mond,
Wo der Sandmann wohnt,
Hin und her,
Schaukelbär
Wieg dich hin und her.

MUNTERMACHER

Wacht auf, kleine Füße,
Wacht auf, kleine Zehen,
Wir wollen was erleben,
Wir wollen spazieren gehen.
Wacht auf, kleine Ohren,
Wacht auf und hört zu,
Jetzt gibt es was zu hören,
Schluss mit der Ruh.
Wach auf, kleine Nase,
Wach auf, sei bereit,
Was duftet so herrlich?
Mmmm, Frühstückszeit.

ICH GEHE MIT MEINEM BABY

Nehmen Sie das Baby auf den Arm und gehen mit ihm verschiedene Arten von Schritten.

Ich gehe mit meinem Baby

Und mein Baby geht mit mir.

Wir machen ganz kleine Schritte,

Ich hoffe, die gefallen dir.

Ich gehe mit meinem Baby

Und mein Baby geht mit mir.

Wir machen ganz große Schritte,

Ich hoffe, die gefallen dir.

Ich gehe mit meinem Baby

Und mein Baby geht mit mir.

Wir hüpfen wie die Häschen,

Ich hoffe, das gefällt auch dir.

Ich gehe mit meinem Baby

Und mein Baby geht mit mir.

Wir schleichen wie Indianer,

Ich hoffe, das gefällt auch dir.

Ich gehe mit meinem Baby

Und mein Baby geht mit mir.

Wir drehen uns im Kreise,

Ich hoffe, das gefällt auch dir.

Ich gehe mit meinem Baby

Und mein Baby geht mit mir.

Wir rennen so schnell wie der Wind,

Und der Wind rennt so schnell wie wir.

Doch jetzt ist es vorbei mit der Rennerei –

Wir fallen um – Bum!

Auf Bett oder Couch sinken lassen.

VÖGELCHEN

Es kreist ein kleines Vögelchen
Um deinen Kopf herum.
Und wenn es müde wird vom vielen Fliegen –
Kannst du es kriegen.

Es kreist ein kleines Vögelchen
Um deinen Fuß herum.
Und wenn es müde wird vom vielen Fliegen –
Kannst du es kriegen.

Und so geht es:
Lassen Sie Ihren Finger wie ein Vögelchen um Babys Köpfchen fliegen. Erst schnell und wenn das Vögelchen dann müde wird, immer langsamer, sodass das Baby das Vögelchen mit seiner eigenen Hand fangen kann.

GESICHTER UND GRIMASSEN

Lippen lecken,
Zunge strecken,
Kussmund machen,
Ganz laut lachen,
Dicke Backen.
Dort hör ich's knacken.
Augen groß und klein,
Grunzen wie ein Schwein,
Mundwinkel nach unten ziehen,
Mit den Augen blöde schielen,
Nase krause Falten,
Aussehen wie die Alten,
Ich habe einen großen Mund
Und kann bellen wie ein Hund,
Wau wau.

HANDSTREICHELSPIEL

Da hast 'nen Taler,
Taler in die Hand legen, indem Sie auf die Handfläche des Kindes streichen.

Gehst auf den Markt,

Kaufst dir 'ne Kuh

Und ein Kälbchen dazu.

Das Kälbchen hat ein Schwänzchen,

Macht didel didel dänzchen.
Den Handteller ein wenig kitzeln.

WAS ICH SCHON KANN

Ich zeig dir jetzt, was ich schon kann.
Am besten fange ich vorne an.
Das sind meine Augen,
Auf die eigenen Augen zeigen.
Das hier ist mein Mund,
Auf den eigenen Mund zeigen.
Das ist meine Nase,
Auf die eigene Nase zeigen.
Mein Bauch ist kugelrund.
Über den Bauch streicheln.
Ich klatsche in die Hände
Klatschen.
Und dreh sie hin und her,
Hände hochhalten, hin und her drehen.
Ich streichle deine Wange,
Baby streicheln.
Das fällt mir gar nicht schwer.
Husten kann ich auch,
zweimal husten.
Ich streichel deinen Bauch,
Babys Bauch sanft streicheln.
Hatschi! – Gesundheit – dankeschön.
Niesen.

Ich sage jetzt auf Wiedersehen,
Winke winke.
Winken.
Und zum Schluss
Bekommst du einen Kuss.
Der Erwachsene küsst sich auf die Handinnenfläche …
Den puste ich zu dir –
und pustet den Kuss zum Baby.
Hier!

UND ZUM SCHLUSS EINEN KUSS

So küsst der Eskimo,
Die Nasen aneinanderreiben.

Das macht vergnügt und froh.
So küsst der Prinz die schöne Braut, Handkuss geben.

Die vornehm und verlegen schaut.
So küsst das Fischlein unter Wasser
Und wird dabei noch sehr viel nasser.

*Mund auf und zu, auf und zu,
bis sich die Fische in der Mitte treffen.*

So küsst der Frosch mit dicker Lippe
Seine grüne Fröschesippe.

*Wissen Sie, was ein Froschkuss ist?
Lippen fest auf Babys Bauch pressen und
so stark pusten, dass es einen –
Entschuldigung – Puupslaut gibt.*

So küsst die Mama ihren Schatz

Ein normaler Mamaschmatz.

Mit einem dicken fetten Schmatz.
Jetzt noch ein zarter Engelskuss,

Ein Puster über das Babygesicht.

Und dann ist Schluss.

SITZT IN DEINER PATSCHEHAND

Sitzt in deiner Patschehand

Nehmen Sie die Hand Ihres Kindes.

Hier ein kleiner Elefant.

*Stellen Sie Ihre Hand senkrecht darauf.
Vier Finger sind die Elefantenfüße.*

Rauf und runter mit dem Rüssel

Der Mittelfinger ist der Rüssel.

Leckt er aus der Kuchenschüssel.
Rauf und runter mit dem Rüssel,

*Das Kind fasst den Elefant
am Rüsselfinger.*

Tanzen wir ein bisserl.

Jetzt tanzen sie hin und her.

Und wir stapfen hin und her,
Ringsherum, das ist nicht schwer.

HOPPE REITER UND SO WEITER

KNIEREITER

Kniereiter kennt jeder. Haben wir nicht alle lachend auf einem wackelnden Schoß gesessen oder sind über Hürden gesprungen? Kniereiter machen Spaß und vermitteln dem Kind gleichzeitig ein Gefühl für Sprache, verbunden mit Bewegungsabläufen. Das Kind weiß meist ganz genau, wann der Reiter vom Pferd fällt oder wann das Pferdchen schneller reitet. Außerdem können Pferd und Reiter sich aufeinander verlassen, schließlich achtet das Pferd genau darauf, dass sich der kleine Reiter nicht wehtut. Reiterspiele sind für Kinder geeignet, die sich bereits aus eigenem Antrieb hinsetzen.

HOPPE HOPPE REITER

Hoppe hoppe Reiter,
Wenn er fällt, dann schreit er.
Fällt er in den Graben,
Fressen ihn die Raben.
Fällt er in den Sumpf,
Macht der Reiter plumps!

Das Kind auf den Schoß setzen, an den Händen halten und reiten lassen. Am Schluss das Kind an den Händen nach hinten hängen oder zwischen die Beine plumpsen lassen. Ein Baby wird sanft nach hinten gelassen.

AUTOFAHRT

Tut tut tut – steig ein.

Die Hupe ist die Nase des Kindes oder ein Knopf am Pulli.

Hast du 'nen Führerschein?
Anschnallen und Schlüssel rein.

Mit Gesten das Kind anschnallen, Kind zeigt die flache Hand als Führerschein.

Brummmm – das klingt fein!

Autogeräusche nachahmen.

Tut tut tut – los geht die Fahrt

Mit den Knien hoppeln.

Über Holpersteine.

Das Hoppeln wird stärker.

Zum Glück sind es ganz kleine.
Töff töff töff, wie schnell wir sind,
Um die Kurve wie der Wind.

Kind in die Kurven legen und weiter hoppeln.

Schneller, schneller – rechts und links,
Der Auspuff raucht – hier stinkt's.
Nase zuhalten.

Brumm brumm brumm.
Bremsen quietschen, mit Ruck anhalten.

Tatütata, da kommt der Polizist,
Weil du zu schnell gefahren bist.
– So ein Mist!

Hier muss das Baby seine Hand = Führerschein zeigen. Mit größeren Kindern Rollenspiel Fahrer und Polizist. »Guten Tag. Die Papiere bitte.« und so weiter. Zum Schluss eine ruhige Weiterfahrt nach Hause wünschen.

―――――――――――――

RI–RA–RUTSCH

Ri-ra-rutsch,
Wir fahren mit der Kutsch.
Wir fahren mit der Schneckenpost,
Die uns keinen Pfennig kost.
Ri-ra-rutsch,
Wir fahren mit der Kutsch.
Sanft und gleichmäßig reiten.

―――――――――――――

HÜA PFERDCHEN

Steig auf, komm mit,
Hüa Pferdchen, los im Schritt,
Gemütlich sitzt der Reiter
Und reitet immer weiter.
Zungenschnalzen, leichtes Hoppeln.
Doch langsam wird's dem Pferdchen fad,
Und es lieber traben mag:
»Terap terap terap terap.«
Wird es dir zu schnell,
Dann sag doch einfach stopp –
Sonst läuft dein Gaul jetzt im Galopp:
»Dedeng dedeng dedeng dedeng.«
Pass auf, da vorn, du musst schon schau'n,
Da springt dein Pferdchen über'n Zaun
»Wiiiiehaaaaaaa!«
Und nur der Reiter,
Der reitet nicht weiter.
Der liegt im Matsch,
Platsch!

Hier richtet sich das Tempo und das Hoppeln nach dem Reim. Am Schluss Knie öffnen und Baby hineinplumpsen lassen.

EMPFANG FÜR DAS NEUE MENSCHENKIND

Willkommen daheim! Nicht nur mit Bettchen, Kleidung, Kinderwagen und Massageölen, auch von Ihrer inneren Einstellung her wollen Sie Ihr neugeborenes Kind zu Hause empfangen. Vielleicht fragen Sie sich, wie das alles wohl wird und wann Sie mit der Massage beginnen können?

MASSAGEVORBEREITUNGEN

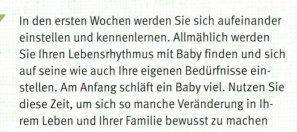

In den ersten Wochen werden Sie sich aufeinander einstellen und kennenlernen. Allmählich werden Sie Ihren Lebensrhythmus mit Baby finden und sich auf seine wie auch Ihre eigenen Bedürfnisse einstellen. Am Anfang schläft ein Baby viel. Nutzen Sie diese Zeit, um sich so manche Veränderung in Ihrem Leben und Ihrer Familie bewusst zu machen und sich auf die Babymassagen vorzubereiten. Ab wann dürfen Sie massieren? Diese und weitere Fragen beantworten die folgenden Seiten.
Wie Sie den Bedürfnissen aller Familienmitglieder, einschließlich Ihren eigenen, gerecht werden können, erfahren Sie im darauffolgenden Abschnitt »Schatzinseln im Familienalltag«.

Einstieg in die Babymassage

In den ersten Lebensmonaten passiert so viel, dass es notwendig ist, einen Blick auf die einzelnen Altersgruppen und ihre Bedürfnisse zu werfen.

Nach der Geburt

Neugeborene und sehr junge Babys brauchen viel Berührung. Dieses Alter ist eine wichtige Prägungszeit. Eine komplette Massage allerdings kann leicht zu viel für diese kleinen Wesen sein. Großflächige ruhende Berührungen, umschließende Haltungen oder kurze Massagesequenzen sind für sie die ideale Sinnesnahrung. Tragen Sie Ihr Baby viel am Körper, um es zu wärmen. Leidet es unter Bauchschmerzen, kann Kolikmassage helfen.

Im Alter von zwei bis sechs Monaten

Dies ist das ideale Alter für die Einführung der Massage, denn in dieser Zeit benötigen die Babys für die Entwicklung weiterer Sinnes- und Körperfunktionen viele unterschiedliche Berührungsqualitäten als Anregung. Die meisten räkeln sich genussvoll während der Massage.

Das Fortbewegungsalter

Mit ungefähr sechs Monaten werden die Kleinen allmählich bewegungsfreudiger. Haben sie vorher die Massage als angenehm erfahren und die Rituale und Zeichen kennengelernt, werden sie jetzt die Massage richtig genießen oder sogar einfordern. Es ist gut, wenn Sie mit der Babymassage begonnen haben, ehe das Rollen und Krabbeln beginnt, denn das Laufen lernen und die Entdeckerfreude ist ihnen jetzt wichtiger. Seien Sie deshalb nicht enttäuscht, wenn die Massagesitzungen in dieser Zeit zunehmend kürzer werden. Berührung braucht Ihr Kind in jedem Alter. Massieren Sie das Körperteil, das gerade vor Ihnen auftaucht. Sind die neuen Bewegungsmöglichkeiten erst erschlossen, dann brechen wieder ruhigere Zeiten für die Massage an.

Wann passt die Massage in den Tagesablauf?

Eine allgemeingültige Empfehlung zu Zeitpunkt und Dauer der Massage gibt es nicht. Ihr Baby wird Ihnen Zeichen geben, wie lange und wann es massiert werden möchte. Jede Babymassage ist gleich wertvoll, wenn Sie nach den Bedürfnissen des Babys vorgenommen wird, egal ob sie eine Minute dauert oder eine halbe Stunde. Meist entwickeln sich die Babys erst allmählich zum Dauergenießer. Auch in jeder Familie kann der ideale Zeitpunkt wann anders sein. Während es sich in einer Familie in Zusammenhang mit dem Baden als Abendritual bewährt, haben andere Babys oft mitten am Tag eine ruhige und aufmerksame Phase, in der sie bereit für die Massage sind. Besonders in Familien mit größeren Kindern sind oft die Vormittagsstunden günstig. Wenn die Geschwister am Vormittag in Kindergarten oder Schule sind, ist hier der ideale Rahmen für ungeteilte Zweisamkeit gegeben. Manche Familien müssen eine Weile probieren, um einen günstigen Zeitpunkt im Tagesablauf zu finden. Lassen Sie sich dabei von Ihrem Bauchgefühl und der Befindlichkeit Ihres Babys leiten.

Wann darf nicht massiert werden?

Es gibt eine Reihe von besonderen Situationen, in denen die Berührung nur mit besonderer Achtsamkeit durchgeführt werden darf. Auf Massage, wie sie in diesem Buch beschrieben wird, sollten Sie verzichten, wenn Ihr Baby (oder Kind) Fieber über 38 Grad, Herz- oder Systemerkrankungen, Infektionen, Hautausschläge, Krebs, Knoten, Frakturen, Blutungen, Verbrennungen, akute Verletzungen, Nierenerkrankungen, Nabel- oder Leistenbruch hat oder berührungsempfindlich ist.

Das bedeutet nicht, dass Sie Ihr Baby nicht mit Berührung begleiten dürfen, im Gegenteil. Aber klären Sie genau ab, gegebenenfalls gemeinsam mit Ihrem Kinderarzt, welche Körperregionen und Massagegriffe ausgespart bleiben müssen.

Babys, die zu früh geboren wurden, werden ausschließlich mit »umschließendem Halten« und der Berührungsentspannung begleitet (siehe Kapitel 4, Seite 126 und 127). Für diese Kinder ist Ruhe, wenig Stimulation und viel Zeit wichtig. Sie signalisieren dann deutlich, wenn sie bereit und neugierig auf neue Anregungen sind.

Ein generelles Massageverbot erteilt Ihnen Ihr Kind, wenn es durch seine Körpersprache zu verstehen gibt, dass es gerade nicht massiert werden möchte, etwa, wenn es sich wegdreht.

Die Babymassage vorbereiten

Sie haben sich entschieden, die Babymassage auszuprobieren? Auf den nächsten Seiten erfahren Sie, welche Vorkehrungen Sie treffen müssen, um schöne Massagestunden mit Ihrem Kind zu erleben. Ob für Sie ein Babymassagekurs infrage kommt, wird weiter hinten auf Seite 55 diskutiert. Aber auch dann sind einige ruhige Minuten und ein warmes Plätzchen wichtige Voraussetzungen.

Ein Platz für Sie und das Baby

> Das Wichtigste ist ein gut beheizbarer Raum. Wenn Sie Ihr Baby nackt massieren, sollte die Raumtemperatur etwa 25° C betragen. Eine zusätzliche Wärmequelle kann in der kalten Jahreszeit gute Dienste leisten.
> Ein bequemer, kuscheliger Massageplatz, nicht nur für das Baby, sondern auch für denjenigen, der massiert, ist ebenso wichtig. Setzen Sie sich aufs Bett oder Sofa oder auf den Boden, sodass Sie Ihr Baby vor sich auf die ausgestreckten Beine legen können; das ist wesentlich rückenschonender, als das Baby längere Zeit stehend in gebeugter Haltung am Wickeltisch zu massieren.
> Oder lehnen Sie sich sitzend mit angewinkelten Beinen an einer Wand an – gegebenenfalls mit Kissen im Rücken. Legen Sie Ihr Baby auf die Oberschenkel. Diese Position mögen viele Babys gern, da sie durch die leicht schräge Lage auf den Oberschenkeln mehr von ihrer Umgebung mitbekommen. Außerdem entlasten Sie so Ihren Rücken. In dieser Position können Sie die Massage miteinander genießen.
> Eine weiche Decke auf dem Fußboden in der Nähe der Heizung ist auch ein guter, gemütlicher Ort für Sie und das Baby.
> Nicht zu vergessen sind eine wasserfeste Wickelunterlage und eine Babydecke zum Zudecken.
> Eine schöne Entspannungsmusik im Ruhepulsrhythmus unterstreicht den Ritualcharakter und stimmt alle Beteiligten ein. Unstrukturierte Mu-

sik, wie zum Beispiel Meeresrauschen, das ununterbrochen läuft, ist besser als mehrere einzelne Titel mit unterschiedlichem Rhythmus und Charakter. Die Massage läuft dann wie von selbst im ruhigen Rhythmus der Musik.
› Besonders wird es Ihr Baby aber mögen, wenn Sie selber singen. Kinderlieder finden Sie auf den Seiten 67 und 79.
› Sie müssen dafür wirklich kein perfekter Sänger sein und dürfen sich das im geschützten Zuhause auch zutrauen. Die Warmherzigkeit Ihrer Stimme ist durch nichts zu ersetzen und ich verspreche Ihnen – Ihr Baby wird es lieben und bald seine Lieblingslieder und -verse haben und sie eventuell sogar einfordern.
› Mit einem möglichst geruchsneutralen Massageöl kann der Bindungsfaktor Körpergeruch seine positive Wirkung voll entfalten.

MASSAGE-UTENSILIEN AUF EINEN BLICK
› Wärmequelle
› 1 bis 2 Babydecken
› Wasserfeste Wickelunterlage
› Eine Stoffwindel, falls Baby mal spuckt oder muss.
› Für Sie selbst bequeme Kleidung
› Entspannende Musik
› Massageöl Ihrer Wahl

Welches Massageöl ist geeignet?

Massageöle sind das Gleitmittel, der Stoff, der zwischen Ihnen und dem Baby vermittelt, der auch hautnah zu fühlen ist, und sogar tief in uns eindringt. Es wird über die Haut und auch über den Geruch wahrgenommen. Öle sind ein wesentlicher Wohlfühl- und auch Wirkungsfaktor, der auch nach der Massage unsere Haut schützt. So möchte ich in diesem Abschnitt einige Informationen und Entscheidungshilfen für die Auswahl des Öls geben. Wie wir schon im ersten Kapitel über die Bindungsfaktoren erfahren haben (siehe Seite 14 und 15), ist der Geruchssinn bei unseren Babys bereits sehr ausgeprägt. Seine erste überlebenswichtige Aufgabe ist es, die engsten Bezugspersonen zu erkennen und die Bindung zu ihnen zu vertiefen. Aus diesem Grund empfehlen sich geruchlose oder nur schwach duftende Öle, die Ihren persönlichen Körpergeruch nicht überdecken, sodass Ihr Kind noch deutlich »Mama« oder »Papa« riechen kann. Um fürs Baby also größtmögliche Geborgenheit bei der täglichen Massage zu schaffen, gilt:

Je geruchloser das Babymassageöl, umso besser für die Eltern-Kind-Bindung.

Auch ist die Oberhaut eines Säuglings noch wesentlich durchlässiger und trocknet deshalb schneller aus als die eines Erwachsenen. Wirkstoffe, aber leider auch Schadstoffe und Allergene, können sie leichter durchdringen.
Im Handel sind Babypflegeöle sowohl auf pflanzlicher wie auch auf Parrafinölbasis erhältlich. Die wichtigsten Entscheidungsgrundlagen für die Auswahl eines Massageöls sind in der Tabelle auf Seite 51 zusammengefasst.

EIN WORT ÜBER PFLANZENÖLE

In der Geschichte der Babymassage fanden vorwiegend pflanzliche Massageöle Anwendung. So massierten indische Mütter ihre Babys im Sommer mit kühlendem Kokosöl, während sie im Winter das wärmende Senföl bevorzugten.

Für den Verzehr werden oft kaltgepresste Öle als vollwertige Nahrungsmittel hochgepriesen. Das ist gut so, gilt aber nicht für Babys im ersten Lebensjahr. Aufgrund möglicher Schadstoffrückstände werden kaltgepresste Öle für die Babyernährung im ersten Jahr nicht empfohlen und sind demzufolge auch für die Babymassage noch nicht geeignet. Meist landen die frischmassierten Händchen und Füßchen ja postwendend im Mund des Babys; und was bis dahin noch nicht in die Haut eingezogen ist, wird dann direkt konsumiert. Gedämpfte und raffinierte Öle werden deshalb in der Babymassage bevorzugt. Besonders bewährt hat sich raffiniertes Mandelöl. Es ist geruchlos und geschmacksneutral und wird von den meisten Babys gut vertragen. Die rückfettenden Eigenschaften der Pflanzenöle bewirken während der Massage eine bessere Gleitfähigkeit und Durchwärmung.

Babys mit besonders empfindlicher Haut oder Hauterkrankungen benötigen unter Umständen auch besonders individuelle Pflegemittel. Wenn Sie anhand der Informationen auf Seite 51 noch nichts Geeignetes entdeckt haben, fragen Sie Ihren Arzt oder Therapeuten um Rat.

Öle sind der Stoff, der zwischen Ihnen und dem Baby vermittelt.

MASSAGEÖLE IM VERGLEICH

	PFLANZENÖLE	PARAFFINÖLE basieren auf Erdöl und damit auf dem ältesten natürlichen Öl der Welt
HALTBARKEIT	› können ranzig werden › sind empfindlich gegen Sauerstoff, Hitze und UV › sind nur begrenzt haltbar, deshalb angegebene Haltbarkeitsdauer beachten	› können nicht ranzig werden › bleiben sehr lange stabil (inert)
REINHEIT	› können Pestizid- und/oder Insektizidrückstände enthalten › raffinierte Öle sind rückstandsfreier als kaltgepresste Öle › können allergene Bestandteile enthalten › sind farbig › Qualität / Zusammensetzung schwankt › Nur kosmetische Öle verwenden	› allergenfrei, für Allergiker geeignet › gut hautverträglich › hochgereinigt › destilliert, raffiniert › definierte Qualität › farb- und geruchlos
WIRKSTOFFE	› enthalten Wirkstoffe, wie Vitamine, Fettsäuren (Triglyceride), Flavonoide und Phytosterine › wirken entzündungshemmend durch mehrfach ungesättigte Fettsäuren	› enthalten keine Wirkstoffe
PFLEGEEFFEKT	› wirken rückfettend › können von Enzymen in der Haut verstoffwechselt werden, dadurch entsteht ein kürzerer Pflegeeffekt	› Der pflegende Effekt hält länger an, weil sie nicht von der Haut aufgenommen werden, daher entsteht möglicherweise ein fettigeres Hautgefühl

Beide Öltypen erhöhen die Wasserspeicherung in den oberen Hautschichten und vermindern die Austrocknung. Gleichzeitig schützen sie die Haut vor äußeren Einflüssen, unterstützen ihre Erholung und fördern die Hautglättung.

Quelle: Dr. Matthias Hauser, Johnson & Johnson GmbH

Rituale und Massagen

Rituale sind wichtig im Familienalltag. Sie geben dem Baby Sicherheit, Halt und Orientierung. Es hat so die Chance, neue Dinge besser einzuordnen und seine Handlungskompetenzen schrittweise zu erweitern. Auch Ihnen als Eltern oder den Geschwistern helfen Rituale, den turbulenten Familienalltag zu strukturieren. Rituale sind nichts Kompliziertes; wichtig ist nur, dass sie immer in der gleichen Reihenfolge und in Ruhe ablaufen. Sie als Eltern entscheiden, welche Fixpunkte oder Ereignisse im Tagesablauf für Sie wichtig sind. Diese werden dann bewusst und achtsam gestaltet und in immer gleicher Art und Weise vollzogen. So kann zum Beispiel die Gute-Nacht-Geschichte oder das Schlaflied, jede gemeinsame Mahlzeit, die Körperpflege oder eben die Babymassage zum Ritual werden. Ebenso können Lieder, Verse und Spiele den Alltag begleiten und zum Signal für ganz bestimmte Dinge werden oder bestimmte Gefühle hervorrufen. Suchen Sie sich auf den Seiten 36–43, 57 und 68 etwas aus.

Entspannungsritual für Eltern

Es ist wichtig, dass sich die massierende Person zuerst selbst entspannt. Das wichtigste Werkzeug ist dabei unser Atem. Zentrieren Sie sich, indem Sie bewusst durch die Nase und ohne Pause in den Bauch ein- und ausatmen Eine Atemübung für Eltern finden Sie auf Seite 18.
Setzen Sie »Zeichen«, die auch Ihnen selbst helfen, auf Entspannung umzuschalten. Das kann eine für den Massagezweck speziell ausgesuchte Musik sein, ein Glöckchen oder Klangschalenton, ein gemütlicher, warmer Platz in Ihrer Wohnung, das Lieblingsmassageöl ... Klingel und Telefon schalten Sie für diese Zeit aus. Das gibt Ihnen die Gewissheit, nicht gestört zu werden.

KLEINE MEDITATION ZUR EINSTIMMUNG

HERZSONNE

› Setzen Sie sich bequem hin und lockern Sie Ihre Schultern, so gut es geht.
› Konzentrieren Sie sich auf die verbundene Bauchatmung im unteren Bauch.
› Tanken Sie mit jeder Einatmung Kraft und lassen Sie mit jeder Ausatmung eine Last los.
› Kommen Sie mit jeder Ausatmung tiefer auf der Unterlage an.
› Gehen Sie nun mit Ihrer Aufmerksamkeit in Ihr Herz. Da ist eine kleine orangegelbe Sonne, die mit jedem Herzschlag größer und wärmer wird, die ihre warmen Strahlen durch Ihren ganzen Körper sendet und zu Ihrem Kind fließen lässt.

Die Erlaubnisfrage

Ihr Baby kann bereits deutlich zeigen, ob es Lust hat, etwas mit Ihnen zu tun oder nicht. Babys, die gelernt haben, dass ihr »Nein-Sagen« respektiert wird, können sich als Kinder besser davor schützen, Dinge zu tun, die ihnen aufgedrängt werden. Wenn alles, was Sie zur Massage benötigen, bereit liegt (siehe Seite 48 und 49), beginnen Sie jede Massage mit dem gleichen Ritual.

Fragen Sie Ihr Baby, ob es massiert werden möchte. Zeigen Sie Ihrem Baby dabei Ihre geölten Hände, sodass es die Möglichkeit hat, danach zu greifen. Warten Sie dann die Reaktionen Ihres Babys ab und gehen Sie darauf ein (Bild siehe Seite 26). Das kann für Sie bedeuten, dass Ihr Baby möglicherweise Ihr Massageangebot ablehnt (Signale des Babys verstehen, siehe Seite 19, 20). Akzeptieren Sie seine Antwort, auch wenn es schwerfällt. Und wenn Ihnen jetzt Zweifel kommen, ob Sie Ihrem Baby damit zu viel »Macht« einräumen – vielleicht verbunden mit Kindheitserinnerungen –, lassen Sie die damit verbundenen Gefühle zu, sei es Traurigkeit oder Wut. Danach können Sie umso besser im gleichwürdigen, respektvollen Miteinander aufeinander zugehen. Die Geschichte von Martin und Paul auf Seite 16 ist ein Beispiel dafür.

NEIN-SAGEN ERLAUBT

Lehnt Ihr Kind ein Massageangebot ab und Sie respektieren das, kann Ihr Kind darauf vertrauen, dass es ungestraft »Nein« sagen darf und wirklich selbst darüber entscheiden kann, was ihm guttut und was nicht. Sein Selbstbewusstsein wird dadurch von Anfang an gestärkt. Es gewinnt Zutrauen zu sich selbst und kann sich damit später leichter behaupten. Wer Nein-Sagen kann, lässt sich auch weniger vereinnahmen. Als Mutter müssen Sie sich nicht so viele Sorgen machen, denn Sie können Ihrem Kind vertrauen. Auch das Loslassen – etwa bei der ersten Klassenfahrt, wenn es auszieht – wird Ihnen auf dieser Vertrauensgrundlage wesentlich leichter fallen.

Körperkontakt und Lageveränderung während der Massagen

Hat Ihr Kind zu verstehen gegeben, dass es massiert werden will, bleiben Sie während der gesamten Massage in Körperkontakt. Wenn Sie noch ein wenig Öl benötigen, drehen Sie Ihre Handfläche nach oben, sodass Ihr Handrücken am Körper des Babys bleibt. Geben Sie ein wenig Öl in die Hand und verreiben es mit der anderen. Massieren Sie zunächst ein Bein, anschließend wiederholen Sie die Massage am zweiten Bein. Passen Sie Ihre Berührungen an die Bewegungen Ihres Babys an. Wenn Sie während der Massage bemerken, dass Ihr Baby im Moment andere Dinge lieber tun möchte, schenken Sie ihm weiterhin Ihre Aufmerksamkeit und beobachten Sie, was Ihr Baby macht.

Sitzen nur aus eigener Kraft

Ein Baby kann sich nur allein aus einer unbequemen Haltung oder Position befreien, wenn es diese auch aus eigener Kraft einnehmen kann. Deshalb ist es wichtig, die natürlichen Bewegungsabläufe des Babys zu unterstützen, es aber nicht mit Haltungen zu überfordern, die es aus eigener Kraft noch nicht ausführt.

So drehen Sie Ihr Kind behutsam um

Wenn Sie während der Massage die Position Ihres Babys verändern, können Sie Ihr Baby anregen, die Dreh- und Rollbewegungen mitzumachen, wie auf Seite 54 beschrieben.

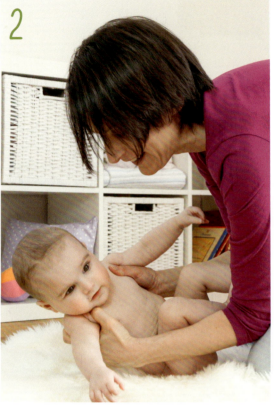

 DREHEN UND HOCHNEHMEN

› Führen Sie Babys Unterarme mit beiden Händen vor.
› Bewegen Sie Ihr Baby aus der Rückenlage über die Seite. Der Kopf ist dabei leicht nach vorn geneigt. So kann er nicht nach hinten zurückkippen. **1**
› Diese Bewegung können Sie weiter fortführen, entweder um das Baby in die Bauchlage zu drehen oder um es auf den Arm zu nehmen.

› Beim Hochheben heben Sie zuerst die Schultern, dann über die Seite die Hüfte, die Knie und zum Schluss die Füße von der Unterlage ab. **2**

So kann Ihr Baby von Anfang an seinen Kopf allein halten und die Drehbewegungen mitmachen, die später wichtig werden, wenn es sich selbst umdrehen und aufrichten möchte. Hier wird seine Kompetenz und Eigenständigkeit angeregt, dadurch dass es aktiv an der Bewegung teilnehmen kann.

Babymassage zu Hause oder im Kurs?

Dieses Buch will dazu anregen, Babymassage als wohltuenden Bestandteil in das Familienleben zu integrieren. Das gelingt natürlich am besten zu Hause im vertrauten Umfeld und zu dem Zeitpunkt, der sich für Sie und Ihr Baby richtig anfühlt.
Wenn sich Ihr Familienalltag mit dem neuen Erdenbürger so weit eingespielt hat, dass es keinen Stress bedeutet, einen festen Termin in der Woche wahrzunehmen, dann spricht nichts gegen die Teilnahme an einem Babymassagekurs. Termine außer Haus können den Mutter-Kind-Alltag zu Hause bereichern. Sie lernen Leute kennen, die sich in der gleichen Lebenssituation befinden, Sie werden voneinander lernen, und sich auch außerhalb des Kurses gegenseitig unterstützen. Bedenken Sie bei Ihrer Planung, dass auch die Zeit für einen Rückbildungskurs naht. Manche Hebammen bieten diesen in Kombination mit Babymassage an.

Ideal wäre das Zusammenspiel von Buch und Kurs

Machen Sie Ihre ersten Babymassageerfahrungen zu Hause, können Sie es sich, so wie es für Sie und Ihr Kind passt, gemütlich machen. Am wichtigsten ist wirklich der »Wohlfühldraht« zwischen Ihnen und Ihrem Kind.
Die Massageanleitungen im dritten Kapitel können eine Technik beschreiben, Gefühle und Erleben aber nur schwer wiedergeben. Wenn Sie die Babymassage in einem Kurs erlernen, erhalten Sie individuelle und situationsbezogene Beratung.

WAS IST, WENN DAS BABY NICHT MITMACHT?
Es kann sein, dass Ihr Baby zum Kurstermin nicht für eine Massage bereit ist und Sie vielleicht nur an einer Puppe üben oder zuschauen. Dennoch können Sie dort Ihren Kopf ausschalten und schauen, erleben und fühlen, was bei den anderen Kursteilnehmern passiert. Das so Erlernte ist dann zu Hause anhand der Beschreibungen hier im Buch leichter nachzuvollziehen. Auch haben Sie an Ort und Stelle die Gelegenheit, Fragen zu stellen, und das hilft Ihnen, erlebte Reaktionen Ihres Babys besser zu verstehen und sicherer zu werden.

Ein Babymassagekurs ist besonders in den ersten Lebensmonaten sinnvoll, nachdem Sie das Wochenbett zu Ihrer Erholung genutzt haben.

Das Kurskonzept

In den Kursen der Deutschen Gesellschaft für Baby- und Kindermassage wird kein Kind zu etwas gezwungen. Wir Erwachsenen müssen schon genug planen, aber unsere Babys sind da mitunter anderer Meinung: Eins hat Hunger, eins will schlafen, das andere ist durch die fremde Umgebung irritiert und weint und das nächste hat die Windel voll – der ganz normale Babyalltag.
All diese Bedürfnisse haben Vorrang. Sie können sich mit ruhigem Gewissen um Ihr Baby kümmern, es stillen, wickeln, trösten oder einfach schlafen lassen und zuschauen. Die Massagegriffe üben Sie dann an einer Puppe. Die Tatsache, dass es anderen Müttern genauso geht, kann dabei sehr erleichternd wirken. Unsere Erfahrung zeigt, dass auch

Mütter oder Väter die Massagegriffe lernen, die nur zuschauen, etwa weil ihr Baby eingeschlafen ist. Zu Hause, in vertrauter Umgebung und zu einem günstigen Zeitpunkt, klappt es dann bestimmt. Zudem dienen die zu Hause gemachten Erfahrungen, im Kurs berichtet, den anderen Eltern als wertvolle Anregungen. Immer mehr Eltern teilen sich die Elternzeit. Sowohl Väter als auch Mütter sind in den Kursen der DGBM willkommen.

»Ein Baby zu massieren ist eine Kunst …
Jeder Kunst liegt eine Technik zugrunde,
die man lernen muss.
Natürlich beinhaltet Kunst viel mehr
als Technik, und mit der Zeit wirst Du
zum Eigentlichen vordringen.«

Frédérick Leboyer

Im Kurs können Eltern beim Zuschauen und Mitmachen voneinander lernen.

REIME – LIEDER – RITUALE

Nicht nur die Massage ist ein Ritual. Im Umgang mit Ihrem Kind können Sie immer dieselben Lieder oder Reime als Ritual einsetzen, etwa beim Anziehen oder als Schlaflied.

DIE ZAUBERFEE – BEIM ANZIEHEN IMMER DABEI

*Ich will spazieren gehn,
Doch ich hab noch gar nichts an!
Da frag ich die Zauberfee,
Ob sie was dran ändern kann!
Die zaubert – huschwusch –
Ungelogen,
Und schon bin ich angezogen!*

*Zuerst kommt das Hemdchen dran,
Husch di wusch – hab ich es an!
Als Nächstes kommt der Pulli dran,
Husch di wusch – hab ich ihn an!
Jetzt kommen die Socken dran,
Und so weiter*

SCHLAFLIED

*Schlaf, Kindchen, schlaf,
Der Vater hüt' die Schaf',
Die Mutter schüttelt's Bäumelein,
Da fällt herab ein Träumelein,
Schlaf, Kindchen, schlaf.*

*Schlaf, Kindchen, schlaf,
Am Himmel zieh'n die Schaf,
Die Sternlein sind die Lämmerlein,
Der Mond, der ist das Schäferlein,
Schlaf, Kindchen, schlaf.*

SCHLAF EIN

*Schlafe, mein Baby schlaf ein,
Die Welt, die ist groß und du klein,
Mama ist hier und gibt acht,
Auch Papa, der über dich wacht.
Der Teddy schmiegt sich an dich an,
Damit du es warm hast und dann
Weißt du, du bist nicht allein,
Schlafe, mein Baby, schlaf ein.*

SCHATZINSELN IM ALLTAG

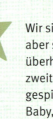

Wir sind jetzt zu dritt. Alles ist anders als gestern, aber schon nach ein paar Tagen kann man sich überhaupt nicht mehr vorstellen, wie das so war, zu zweit. Trotzdem dauert es eine Weile, bis alles eingespielt ist. Überall in diesem Buch geht es um das Baby, das Neugeborene und seine speziellen Bedürfnisse. In diesem Abschnitt kommen auch die Rollen und Bedürfnisse der anderen Familienmitglieder zur Sprache, denn auch für sie bedeutet die Ankunft eines neuen Menschenkindes eine große Umstellung. Väter, Mütter, Kinder, meist auch Großeltern – alle haben ihre spezielle Sicht, ihre eigenen Bedürfnisse und Aufgaben. Diese verschiedenen Sichtweisen werden hier besprochen.

Schatzinseln für Väter

Für Väter, die ja meist außer Haus arbeiten, sind die gemeinsamen Zeiten mit ihren Kindern oft sehr begrenzt. Die Arbeitswelt setzt andere Prioritäten: Zeitdruck, Zielorientierung, Kampf um hohe Leistungen und nicht selten auch Machtkämpfe oder Auseinandersetzungen bestimmen den Alltag. Dazu noch die erweiterte Verantwortung für die junge Familie. Unsere Vorfahren hatten da klare Rollenverteilungen, um allen Anforderungen von Familie und an die Gesellschaft gerecht zu werden. Aus unserer heutigen Sicht erleben wir diese strenge Rollenverteilung häufig als Einengung oder so, als würde einem ein bestimmter Lebensbereich vorenthalten.

SO WICHTIG IST DER PAPA

Tina, deren Mann auf Montage arbeitet und nur alle zwei Wochen nach Hause kommt, erzählt, dass ihr acht Wochen alter Sohn Patrick viel besser einschlafen kann, wenn sie ihn vor dem Schlafengehen massiert. Nur wenn der Papa wieder wegfährt, gibt es an den darauffolgenden Tagen abends Dauerstress. Patrick kann die Massage nicht genießen und weint sich stattdessen in den Schlaf. Völlig verzweifelt ruft sie ihren Mann an, stellt das Telefon laut, weil sie ja den schreienden Patrick im Arm hat. Dieser hört die Stimme seines Vaters und wird auf einmal ruhig. Nachdem sich auch Tina ausgeweint hat, kann sie ihn massieren und er schläft bald ein. Daraufhin gehört ein abendliches »Papa-Telefonat« zum Massageritual und Patricks Einschlafprobleme sind vorbei.

Vorsicht, Fallen für Väter

Aus der Vergangenheit, in der die Versorgung der Babys und die Kindererziehung überwiegend in den Händen der Mütter lag, halten sich hartnäckig ein paar Stolpersteine aus der Zeit vor der Möglichkeit des Rollentauschs.

DIE ALLMÄCHTIGE MAMA?

Sie hat das Kind getragen und geboren, sie kann es stillen und den ganzen Tag bei sich haben. Sie sind als Vater aber viel mehr als eine Kreditkarte, die den Müll nach draußen bringt und ansonsten nicht in der Lage ist, seinem Baby Nähe zu geben.

ZWEISAMKEIT ADE?

Der Arbeitstag, meist außer Haus, fordert den ganzen Mann derart, dass abends keine Kraft mehr übrig bleibt, sich um das Kind oder die Kinder zu kümmern? In der Hoffnung, abends die Beine hochlegen zu können und es sich mit Ihrer Partnerin gemütlich machen zu können, erwartet Sie vielleicht ein schreiendes Baby samt genervter Mama – von Sex und Zweisamkeit oder ungestörter Nachtruhe ganz zu schweigen.

Versuchen Sie den Hebel umzulegen und tief durchzuatmen, ehe Sie die Wohnungstür aufschließen.

Dann gelingt es leichter, sich auf die Kinder oder die Partnerin einzulassen. Nehmen Sie kleine Auszeiten auf dem Nachhauseweg. Entspannen Sie zum Beispiel mit der verbundenen Bauchatmung aus der Atemübung für Eltern auf Seite 18.

Wir leben heute in einer Zeit, in der Klischees zunehmend aufweichen und es hat sich auch herumgesprochen, wie sehr Babys und Kinder die Nähe ihrer Väter brauchen. Männer, die sich auf das Abenteuer Familie und das »Vatersein« einstellen, genießen gesellschaftlich viel mehr Anerkennung als noch vor einigen Jahren, vor allem aber den dankbaren Respekt der Mutter Ihrer Kinder.

Babymassage, eine Chance für Väter

Eine Möglichkeit, väterliche Verantwortung, warmherzige Vatergefühle mit zeitlicher Effizienz zu vereinbaren, kann die Babymassage sein. Das Babymassage-Wissen wird im Kurs so vermittelt, dass es als Ritual in den Familienalltag eingeführt werden kann. Auch wenn Sie keine Möglichkeit haben, den Kurs zu besuchen, können Sie auf alle Fälle mit Hilfe des Buches zusammen mit Ihrer Partnerin das Gelernte im Familienalltag umsetzen. Mit der Babymassage können Sie als Vater, auch in kurzen Zeiten ungeteilter Aufmerksamkeit, die Bindung zu Ihrem Kind vertiefen. Auf das bewusste Ritual kommt es an und auf die Bereitschaft, sich wirklich auf den kleinen Menschen einzulassen (Erläuterung siehe Seite 16).

Vielleicht ist es ja für Sie auch nach der Elternzeit noch ein wohltuender Kontrast zum Arbeitsleben, sich mit Ihrem Baby auf Entschleunigung zu begeben und die körperliche und seelische Nähe zu Ihrem Kind zu spüren?

Ihre Partnerin wird es Ihnen danken, wenn sie Zeit findet, etwas für sich zu tun, was nichts mit Mama-Sein zu tun hat. Ihre Partnerschaft und Ihr ganzes Familienleben werden davon profitieren, dass Sie sich mit der Kinderbetreuung abwechseln.

Wenn Ihr Platz jetzt so häufig bei Ihrem Neugeborenen Kind ist, können Sie die Babymassage auch für sich selbst zum entspannenden Erlebnis machen und sich gegenseitig massieren, wenn das Baby eingeschlafen ist. Wenn das nicht ein schöner Nebeneffekt ist.

DER MASSAGEKALENDER

Statt eines normalen Adventkalenders schenken Sie sich doch gegenseitig einen Wohlfühlkalender. Jeder von Ihnen bereitet zwölf kleine Wohlfühlüberraschungen vor. Die Eine verpackt rot, der Andere grün. So bereiten Sie sich jeden Tag abwechselnd eine kleine Freude: Fußmassage, Kopfmassage, Handmassage, Rückenmassage, ... Und wenn Sie jetzt gerade keine Vorweihnachtszeit haben, um sich einen Wohlfühladventskalender zu schenken, wäre so etwas doch auch ein schönes Geburtstagsgeschenk oder eine Urlaubsfreude.

LIEBE MÄNNER,

ein guter Vater zu sein, bedeutet wirklich nicht, sich selbst zu vergessen und erst recht nicht, seine männlichen Qualitäten oder Hobbys zu vernachlässigen.

Im Gegenteil: Eure Kinder brauchen euch lebensecht, lebensstark und mit all euren Qualitäten.

Und wie sich eure Partnerinnen ihre Kraft, Lebensfreude und Attraktivität erhalten können, das ist ein anderes Kapitel.

Schatzinseln für Mütter

Manche unter Ihnen, liebe Leserinnen, sind es vielleicht wirklich nicht gewohnt, um Hilfe zu bitten. Aber viele Leute fragen, was man sich zur Geburt des Babys wünscht. Wünschen Sie nach Herzenslust und bitten Sie gezielt um Hilfe.

Wer nicht bittet, dem wird nicht geholfen

- Schreiben Sie einen Wunschzettel und legen ihn neben das Telefon.
- Lassen Sie sich Gutscheine zum Babysitten schenken oder für ein gekochtes Mittagessen.
- Holen Sie sich Hilfe fürs Putzen und Bügeln.
- Bitten Sie Freunde und Verwandte, die die junge Familie zum ersten Mal nach der Geburt besuchen wollen, einen Kuchen mitzubringen.
- Lernen Sie »nein« zu sagen oder eine bereits getroffene Verabredung abzusagen, wenn ein Besuch vielleicht gerade nicht passt. Denn zu Anfang ist es schwer, Dinge vorauszuplanen, bis Sie und Ihr Baby einen Rhythmus haben.

Man muss nicht immer alles selbst machen. Das Baby geht vor und wenn es mal schläft, dann sollte die Mama sich eine Ruhepause gönnen und nicht schnell, schnell die Wohnung aufräumen.

EINE GUTE MUTTER MUSS NICHT PERFEKT SEIN
Sind die Eltern entspannt – und das gilt für Mütter und Väter –, ist es das Baby auch. Klingt logisch und so einfach. Aber manchmal setzen wir uns selbst zu sehr unter Druck. Gehen Sie weg vom Perfektionismus, vergleichen Sie sich und Ihr Baby nicht immer mit anderen. »Kann Dein Baby schon sitzen?« – »Ach, es schläft noch immer nicht durch?« Das sind Sätze, die jede Mutter irgendwann zu hören bekommt. Haben Sie Vertrauen. Sie machen das schon richtig. Und damit Sie sich immer wieder daran erinnern, kleben Sie sich einen wichtigen Leitsatz auf den Badezimmerspiegel und prägen ihn sich ein.

Die Schwächen des Einen sind die Stärken des Anderen.

Auch Väter können Nähe geben.

Jeder Mensch auf Erden kann irgendetwas besonders gut. Man muss nicht alles können, man kann gar nicht alles können. Wo sind Ihre Stärken? Wo sind die Stärken Ihres Babys? Warten Sie nur ab, es wird Ihnen seine Stärken nach und nach zeigen.

> ### LEITSÄTZE FÜR MÜTTER
> - Ich bin eine gute Mutter.
> - Wir sind gute Eltern.
> - Ich mache alles so gut, wie ich es in diesem Moment kann.
> - Ich muss nicht perfekt sein.
> - Mein Baby ist ein wundervolles Baby.
> - Mein Baby lernt in seinem eigenen Rhythmus.
> - Mein Baby lernt gut. Wir machen das richtig gut.
> - Wir sind ein prima Team.

Geschwisterkinder einbeziehen

Falls Sie noch ein größeres Kind haben, binden Sie es überall mit ein. Vielleicht bekommt es eine kleine Babypuppe, die es parallel massieren kann, oder Sie geben dem größeren Kind auch eine Massage, zum Beispiel die Pizzamassage auf Seite 114. Vielleicht hat es Lust, Ihnen den Rücken zu massieren? Die meisten Kinder haben dafür viel Gefühl.

Gut für sich selbst sorgen will gelernt sein

Oft wird das für egoistisch gehalten, aber wer für andere da sein will, muss auch gut für sich selbst sorgen und auf die eigenen Bedürfnisse achtgeben. Es macht sich nicht bezahlt, immer alles allein machen zu wollen. Ihr Kind muss schließlich auch von Ihnen lernen, wie man gut für sich selbst sorgt. Ist es sich Ihrer Liebe sicher, übernimmt es Ihre Wohlfühlstrategien wie selbstverständlich für sich. Kinder halten auch so manche Fehler ihrer Eltern aus, solange Sie authentisch, ehrlich und liebevoll zu sich selbst sind und mit Ihren Kindern respektvoll und achtsam umgehen.

DAS SOLLTEN SIE SICH SELBER WERT SEIN

Viele Mütter – vielleicht auch Väter – unterschätzen den Wert ihrer unbezahlten, aber häufig unbezahlbaren Arbeit völlig. Sicher besteht Familienalltag allzu oft aus einer Reihe scheinbar bedeutungsloser Kleinigkeiten, die aber wichtig sind, damit das große Ganze funktioniert. Teilen Sie auch Ihren scheinbar belanglosen Familienalltag in Arbeit und wohlverdiente Pausen ein. Halten Sie sich regelmäßig Zeitfenster für sich selbst, Ihr Hobby, Ihren Sport, Ihr Frausein oder einfach zum Faulenzen frei. Ohne die eigene Selbstachtung werden Sie die Wertschätzung Ihrer Mitmenschen vermissen, denn was wir über uns selber denken, spiegeln unsere Mitmenschen häufig wider.

AUSTAUSCH MIT ANDEREN ELTERN

Die Gemeinschaft mit anderen Eltern in der gleichen Lebenssituation und auch das Gespräch mit Müttern älterer Kinder kann Ihre Sorgen, Ängste und Gefühle relativieren und Sie in Ihrem eigenen Weg bestärken. Sie haben die Möglichkeit, mit Ihren Gefühlen ins Reine zu kommen und sich als Frau zu entfalten. Dies ist eine wichtige Voraussetzung für ein gelungenes und ausgeglichenes Familienleben.

Wertvolle Erfahrungen für das Berufsleben

Die Zeit der »Vollzeitmutter« mit einem Baby und vielleicht noch größeren Geschwistern birgt ein enormes Entwicklungspotenzial. Sie lernen Managementqualitäten, die auch später bei der Rückkehr in den Beruf von großem Nutzen sind, und praktizieren ständig Multitasking. Soziale Kompetenzen, wie Achtsamkeit, respektvoller Umgang und Mitgefühl, spielen auch für den beruflichen Erfolg eine Rolle. Genießen Sie die Zeit der Kindererziehung auch unter dem Aspekt, dass sie ein wertvoller Reife- und Entwicklungsschritt ist, der Sie vor anderen auszeichnet. So relativiert sich die Furcht, den Anschluss zu verlieren. Vollzeitmutter zu sein, ist eine vorübergehende Lebensphase, die mit allen Höhen und Tiefen durchlebt werden will.

Schatzinseln für die Partnerschaft

Mit der Geburt eines Kindes beginnt auch für die Partnerschaft eine völlig neue Phase und nicht selten eine Bewährungsprobe. Die Aufmerksamkeit verteilt sich nun auf drei (oder noch mehr) Personen. Jeder will an seinem Platz wahrgenommen und geschätzt werden. Und jeder sucht in diesem neuen System seine Rolle.

*Wir achten unsere Grenzen,
jeder für sich und als Paar und holen uns
bei Bedarf Hilfe.*

ELTERN ALS VORBILD

Kinder kopieren das Verhalten der Erwachsenen, die ihnen am meisten bedeuten.
Lernen wir mit Jesper Juul uns selbst treu zu sein:

»Ich liebe Dich und möchte Dir am liebsten jeden Wunsch erfüllen, aber in diesem Punkt kann ich Dir nicht nachgeben, ohne mir selbst Gewalt anzutun.«

Jesper Juul

Elternfalle Nummer eins

Viele frischgebackene Eltern setzen sich das Ziel, diese neue Situation so meistern zu wollen, dass alles wieder wird wie vorher. Dieser Weg ist zum Scheitern verurteilt. Die Herausforderung besteht gerade darin, Neues zu integrieren und neue Wege zu finden, damit auch die Partnerschaft eine Bereicherung erfährt.
In der ersten Zeit nach der Geburt steht da bei vielen Paaren der »Frust mit der Lust«, bei so vielen neuen Aufgaben, schlaflosen Nächten, Übermüdung und gestörter Zweisamkeit.

ALLES DREHT SICH NUR NOCH UM DAS BABY?

Das ist anfangs sicher unvermeidlich, ist aber nicht für den Rest Ihres Lebens so. Aus Angst davor versuchen manche Paare schon sehr früh, das Baby, etwa für ein Wochenende zu zweit, betreuen zu lassen. Oder sie erhoffen sich ungestörte Liebesnächte, wenn das Baby von Anfang an im eigenen Zimmer schläft. Meist handelt man sich in der Folge

noch mehr Probleme ein als vorher, weil das Baby einfach noch nicht reif für eine solche Trennung ist – und die meisten Mütter auch nicht.

Wenn Worte und kluge Sprüche nicht mehr weiterhelfen, dann helfen auch dem Elternpaar Stille und die »Sprache der Berührung«.

Der Traum vom Durchschlafen

Auch die krampfhaften Bemühungen, das Baby so bald wie möglich zum Durchschlafen zu bringen, können ähnlich fatale Folgen haben. Das Baby ist nun mal das bedürftigste Glied in der Kette und wenn es ihm gut geht, haben auch die Eltern mehr Freiraum. Werden die Grundbedürfnisse nach Nähe beim Baby respektiert und befriedigt, wird es auch schneller bereit und in der Lage sein, schrittweise selbstständig zu werden.
»Die Nacht ist nicht allein zum Schlafen da – aber vielleicht manch arbeitsfreie Tage?« Günstige Gelegenheiten bringen in Sachen Zweisamkeit oft mehr als groß geplante Auszeiten. Seien Sie spontan und kreativ. In diesem Zusammenhang überlasse ich es Ihrer Phantasie, wie Sie das, was in diesem Buch über Babymassage steht, in Ihre Zweisamkeit einbringen, denn auch Erwachsene brauchen Nähe und liebevolle Berührungen.

Liebe mich dann, wenn ich es am wenigsten verdient habe, denn dann brauche ich es am allermeisten.

Machtkämpfe? Nicht mit uns.

Viel Kraft, Nerven und Zeit gehen für Machtkämpfe drauf, oder um einen Vertrauensverlust auszubügeln – Zeit, die man besser fürs Liebesleben, für vertrauensvolle Gespräche mit dem Partner oder für sich selber genutzt hätte. Besser ist es, sich die Nächte so kraftsparend wie möglich einzurichten, zum Beispiel indem man das Baby im Elternbett schlafen lässt. Pfeifen Sie auf frühere Konventionen und seien Sie erfinderisch.

Mein Partner tut alles, was er kann. Meine Partnerin tut das Bestmögliche.

Bitte erwarten Sie nicht, dass der Partner oder die Partnerin immer helfen muss oder gar sehen soll, was Sie gerade brauchen. Vielleicht ist auch er oder sie gerade am Ende der Kräfte? Schuldzuweisungen verschärfen anstrengende Situationen. Bleiben Sie stattdessen beide über Ihre Gefühle und Wünsche miteinander im Gespräch.

Freiräume mit Freunden

Eine bewährte Möglichkeit, sich auch Freiräume als Paar zu erobern, ist, sich einen Freundeskreis mit Gleichgesinnten aufzubauen oder zu pflegen. Leute, die auch kleine Kinder haben und quasi in der gleichen Lebenssituation sind, haben dieselben Wünsche und Prioritäten wie Sie. Hier ist es vergleichsweise leicht, Verständnis zu finden und sich gegenseitig zu unterstützen. Und so kann man die ganze Vielfalt des Lebens genießen, ohne die Kinder als Einschränkung zu erleben.

FREUNDE SIND WAHLVERWANDTSCHAFTEN

Freunde sind wie Verwandte, die man sich selber aussuchen kann, egal, ob man sich im Alltag unterstützt, gemeinsame Hobbys pflegt oder zusammen Urlaub oder Wochenenden verbringt. Die Kinder wachsen wie selbstverständlich in so einen stabilen Freundeskreis hinein und erkennen auch die Freunde wie in einem Rudel als zugehörig an. Sie fassen Vertrauen zu den anderen Erwachsenen und knüpfen selbst Freundschaften, die nicht selten bis ins Erwachsenenalter halten.

Ein Rudel aus mehreren Familien mit Kindern eröffnet viele Möglichkeiten. Außerdem entfallen Organisationsstress und die Kosten für das Babysitting.

Die Vorteile liegen auf der Hand: Es ist immer jemand da, wenn sich die Eltern mal eine Auszeit als Paar gönnen wollen. Es fällt leichter, die Kinder in der Obhut vertrauter Personen zu wissen, die das Kind auch kennen und mögen, als beim bezahlten Babysitter. Sicher wird sich die Art der Freizeitgestaltung wandeln, aber das ergibt sich in einem solchen Kreis von ganz alleine.

URLAUB MIT MEHREREN FAMILIEN ENTLASTET

Mit mehreren Familien ein Wochenende oder einen Urlaub in einem Ferienhaus zu verbringen, das genügend Raum für die Interessen jedes Einzelnen, aber auch Rückzugsmöglichkeiten bietet, ist erholsam für alle. Man muss nicht ständig als Großgruppe zusammenbleiben, sondern kann sich gegenseitig kleine Freiräume schaffen – auch ohne räumliche Trennung und aufwendige Organisation.

Selbst wenn die Eltern abends weggehen – das »Rudel«, oder zumindest ein Teil davon, ist ja noch da. Je weniger Trennungen ein Baby in den ersten Lebensmonaten verkraften muss, und je mehr Gelegenheit es hat, sich seine Freiräume aus eigenem Antrieb zu erobern, wenn es dafür reif ist, desto unkomplizierter gestalten sich auch später die Trennungen, sei es für eine Elternauszeit als Paar, beim Wiedereinstieg ins Berufsleben oder wenn das Kind in den Kindergarten kommt.

VERLÄSSLICHE ZEITEN FÜR ELTERN UND KINDER

Lernt ein Kind von klein auf, dass es verlässliche Zeiten ungeteilter Aufmerksamkeit und Zuwendung mit seinen Eltern hat, dann begreift es auch: »Es gibt Zeiten für Kinder und es gibt Zeiten für Eltern« und wird kooperativer sein, aber das kennen Sie ja schon aus dem vorangehenden Kapitel.

GUTE NACHBARSCHAFT SPART LEBENSZEIT

Wenn Sie das Glück haben, dass mehrere junge Familien in der Nähe wohnen, lässt sich auch eine Nachbarschaft so gestalten. Oft halten Familien, die sich im Geburtsvorbereitungskurs kennenlernen, bis zum Abiball ihrer Kinder Kontakt. Wenn man nah beieinanderwohnt, entfallen viele Wege und Fahrten. Diese alltäglichen Dinge zu optimieren, ist meist der Schlüssel zu mehr gemeinsamer Freizeit als Paar und als Familie.

TRAUMHAFTES KINDERGLÜCK

Aus Sicht größerer Kinder ist so ein Familienclan ein Traum. Während die Eltern endlos ratschen, spielen sie verstecken, Fußball, Räuber und Gendarm, bauen Höhlen, schlafen in Zelten, inszenieren Modenschauen, Sketches, Tänze … Und das Baby erlebt vom Schoß aus den Echtfilm.

Schatzinseln für Kinder

Kinder leben im Augenblick, sie betrachten die Welt mit unvoreingenommener Neugier. Gefühle äußern sie meist spontan und authentisch. Im Gegenzug wollen sie einen ebenso authentischen Spiegel. Die wichtigsten Schatzinseln für Kinder: Liebe, Konsequenz und Geborgenheit.

DIE KINDHEIT: WAS GEHÖRT ALLES DAZU?

Kinder brauchen Streicheleinheiten genauso wie klare Ansagen, konsequente Rahmenbedingungen und festgelegte Rituale. Das gibt Halt und entlastet Kinder von der Verantwortung, die sie noch nicht tragen können. Auf diese Art können sie das Miteinander in der Familie viel besser genießen.

> *»Kinder brauchen Eltern,*
> *die als Leuchtturm fungieren.*
> *Senden Sie regelmäßig klare Signale aus,*
> *damit Ihre Kinder durch ihr Dasein*
> *navigieren können.«*
>
> Jesper Juul

Liebe und Konsequenz bilden das Fundament für eine glückliche Kindheit. Deshalb hört alles, was über Bindung und respektvollen Umgang miteinander in diesem Buch gesagt wird, nicht mit der Babyzeit auf. Es entwickelt sich nur weiter. Das vertrauensvolle Familienklima, das so entsteht, nehmen die Kinder als Schatz mit in ihr Leben.

SCHATZINSEL KINDHEIT: WAS KANN DAS SEIN?

Die Kindheit ist ein echter Schatz. Wenn wir als Erwachsene auf unsere Kindheit zurückblicken, wird es uns erst klar, welch wertvolle Schätze das sind und auch, welch wichtige Rolle die Eltern dabei spielten.

Kinder lieben Eltern, die
> vorlesen und mit einem spielen,
> einem die Welt zeigen,
> fast alle Fragen beantworten können,
> mit einem die Sterne betrachten,
> über Pfützen springen,
> einen in Höhlen aus Decken besuchen,
> für einen da sind, auch wenn man ein kleiner Giftzwerg ist.

DIE SCHÖNSTEN MOMENTE EINER KINDHEIT SIND

… dicke fette Himbeerbonbons, frische Pfannkuchen, leckerer Kuchenteig, der Duft von Schokopudding, barfuß durch den Regen laufen, über Wellen springen, um die Wette rennen – mit dem Papa, der Mama oder dem Wind.
Ein Pflaster am Knie und ein zweites am Ellenbogen, in Blätterhaufen springen, laut singen, im Elternbett schlafen und unter freiem Himmel übernachten.
In eine Decke eingewickelt werden, wenn einem kalt ist, sodass man sich ganz und gar nicht mehr bewegen kann.

Vielleicht war in Ihrer Kindheit etwas anderes viel wichtiger?

SPIELE UND LIEDER FÜR GRÖSSERE GESCHWISTERKINDER

RINGELREIHE

*Ringel ringel Reihe,
Sind der Kinder dreie,
Sitzen unterm Hollerbusch,
Machen alle husch, husch, husch.*

Die Kinder fassen sich an den Händen, gehen im Kreis und singen derweil das Lied.

HÄSCHEN IN DER GRUBE

Häschen in der Grube
Saß und schlief, saß und schlief.
Armes Häschen bist du krank,
Dass du nicht mehr hüpfen kannst.
Häschen hüpf, Häschen hüpf,
Häschen hüpf.

Die Kinder stehen im Kreis, eins kauert in der Mitte auf dem Boden, während die anderen singend im Kreis laufen. Bei »Häschen hüpf« springt auch das kranke Häschen hoch.

BI-BA-BUTZEMANN

Es tanzt ein Bi-ba-Butzemann
In unserm Haus herum, dideldum,
Es tanzt ein Bi-ba-Butzemann
In unserm Haus herum.
Er rüttelt sich und schüttelt sich,
Und wirft sein Säckchen hinter sich.
Es tanzt ein Bi-ba-Butzemann
In unserm Haus herum, dideldum,
Es tanzt ein Bi-ba-Butzemann
In unserm Haus herum.

Kinder stellen sich im Kreis auf, ein Kind ist der Butzemann, der in der Mitte ist und während des Liedes tanzt, sich rüttelt und sein Säckchen wirft. Kleinere Kinder machen die Bewegungen des Butzemanns gern nach.

VARIANTE MIT GROSSEN KINDERN

Der Butzemann tanzt innerhalb und außerhalb des Kreises und lässt dabei möglichst unbemerkt sein Säckchen hinter einem Kind fallen. Dies greift das Säckchen auf und rennt los, um den Butzemann zu fangen. Hat es ihn abgeschlagen, ist es selbst der nächste Butzemann.

BEIM FRISEUR

Dieses Rollenspiel macht sehr viel Spaß und man kann ältere Kinder mit einbeziehen. Manchmal brauchen auch Puppen unbedingt eine neue Frisur, finden Sie nicht? Natürlich verwendet man keine echten Scheren! Es kommen nur sanfte Finger zum Einsatz.

Guten Tag, Frau Müller,
Hand zur Begrüßung reichen.
Ihr Haar ist der Knüller,
Haare bewundern.
Ich schneid nur schnipp und schnapp
Mit den Fingern eine Schere imitieren.
Noch schnell was davon ab.
Imaginär Haare schneiden.
Guten Tag, Herr Meier,
Hand zur Begrüßung reichen.
Immer die alte Leier,
Kopf schütteln.
Vorne kurz und hinten lang,
Wieder schneiden mit Fingerschere.
Na dann …
Guten Tag, Herr Huhn,
Die Hand geben.

Was kann ich für Sie tun?
Herrn Huhn ernsthaft ansehen.
Eine Glatze? Sind Sie sicher?
Hände erschrocken zum Gesicht führen.
Hören Sie auf mit dem Gekicher
Gut, dann schneid ich
Wieder mit Fingern eine Schere …
Schnipp und schnapp
… imitieren und schneiden.
Alle Haare ab.
Pony, Stufen oder Zopf,
Haare zerzausen.
Wie wär's mit einem neuen Kopf?
Haare rot und Haare grün,
Kopf wie beim Waschen massieren.
Mal seh'n
Haare waschen, föhnen, legen,
Haare anpusten – wie ein Föhn.
Haare von den Schultern fegen.
Mit der Hand die Schultern »fegen«.
Einmal wuscheln bitte sehr,
Durch die Haare wuscheln.
Stets zu Diensten, Ihr Friseur!
Handkuss oder Hand zum Abschied reichen.

FÜR DAS BABY: SACHEN ZUM SPIELEN ODER SPIELSACHEN?

Hat nicht Pippi Langstrumpf sich auf die Suche nach Schätzen gemacht und lauter ungewöhnliche Sachen gefunden? Gehen Sie mit Babyaugen durch Ihre Wohnung und bieten Sie Ihrem Kind die Vielfalt seiner Umgebung an.

HEISS BEGEHRT – NICHT NUR DER SCHLÜSSELBUND

Wenn Ihnen der eigene Schlüsselbund zu riskant oder unhygienisch zum Spielen für das Baby ist, machen Sie Ihrem Baby aus ausgedienten gereinigten oder neuen Schlüsseln einen eigenen Schlüsselring zurecht. Ausgediente Schlüssel ohne Schloss gibt es fast immer.

Babys lieben es,
- Zeitschriften zu zerreißen,
- kleine Cremedosen von Gratisproben auf- und wieder zuzuschrauben,
- Geschenke auszuwickeln,
- Papier zu zerknuddeln und zu zerreißen,
- CDs in einen Briefkasten aus Karton einzuwerfen,
- ein Gummibandkonzert zu spielen: Gummibänder über offene Schachteln spannen und los geht die Zupfmusik.
- bunte Plastikostereier in einen Behälter zu werfen. Versehen Sie die Eier für die Kleinsten mit Schleifenband zum Greifen.
- Kastanien durch eine Küchenrolle hindurch kullern zu lassen,
- Zuzuschauen, wie große Häuser aus Bierdeckeln gebaut werden und sie dann mit einem Mal zum Einsturz zu bringen,
- Tischtennisbälle in eine Muffinform zu legen,
- Schuhkartons zu öffnen, in denen verschiedene spannende Dinge zu finden sind: Diese können die größeren Geschwister als Überraschung vorbereiten und präsentieren,
- Schränke auszuräumen: Richten Sie Ihrem Kleinkind ein Fach ein, das es ausräumen darf. Dann ist es leichter, den Zugriff zu allen anderen zu verbieten. Dasselbe gelingt auch ganz gut mit Büchern in offenen Bücherregalen.

KLANGBAUM

Haben Sie einen Garten? Dann richten Sie sich und Ihrem Baby doch einen Klangbaum ein. An einen Baum oder Busch wird alles Mögliche festgebunden, mit dem man Geräusche machen kann. Topfdeckel, Rasseln, Hölzer, Kokosnusshälften, verschieden lange Eisenstangen oder Bambusrohre, Dinge aus dem Baumarkt. Jetzt kann das Kind mit einem Klöppel oder einem Holzstab auf die verschiedenen Dinge klopfen und sich die unterschiedlichen Geräusche anhören.

Schatzinseln für Großeltern

Auch für die Großeltern ist es in der Regel ein bewegendes Ereignis, wenn ein Enkelkind, besonders das erste, geboren wird. Dabei spielt es sicher keine Rolle, ob sie weit von ihren Kindern entfernt wohnen, in der Nähe oder gar als Großfamilie zusammen. Auch wenn die eigenen Kinder längst erwachsen sind, ist man gefühlsmäßig mit ihnen verbunden und begleitet sie in Gedanken.

Die besondere Rolle der Großeltern

Sie als Großeltern haben all das schon durchlebt, was Ihre Kinder jetzt in Angriff nehmen und was Ihre Enkel jetzt erleben. Das ist ein großer Erfahrungsschatz, mit dem Sie selber zur Schatzinsel im Familienverband werden und die Familien Ihrer Kinder unterstützen und begleiten können.

Die Zeit mit den Enkeln ist begrenzt und deshalb besonders kostbar. Nehmen Sie sich Zeit.

Freilich, die Zeiten waren damals anders, die Lebensumstände ebenfalls und die Lebensaufgaben der Großelterngeneration sind nicht mit denen der jetzigen Eltern zu vergleichen, geschweige denn mit denen, die einmal Ihre Enkel erwartet. Eins zu eins kann man deshalb die Erfahrungen der »Alten« auf die »Jungen« nicht übertragen. Vieles von dem, was für die jungen Leute heute wichtig ist oder was ihnen Probleme macht, war früher überhaupt kein Thema. Damals waren andere Dinge wichtiger als heute.

Fassen Sie es deshalb nicht als Kritik an Ihrer Lebensleistung oder als Unreife Ihrer (erwachsenen) Kinder auf, wenn diese mitunter andere Vorstellungen von Familienleben und Kindererziehung haben, als es zu Ihrer Zeit üblich war. Sie haben zu Ihrer Zeit das Beste getan, was Ihnen unter den jeweils konkreten Umständen möglich war, und Ihre Kinder nutzen jetzt ihre eigenen Chancen.

Verständnis und Mitgefühl

Bei allem Wertewandel und schnelllebigem Fortschritt ist das Wesentliche gleich geblieben: das Bedürfnis nach menschlicher Nähe, wie es in dem Wunsch nach Geborgenheit in der Familie zum Aus-

---

WESHALB SIND GROSSELTERN BEI IHREN ENKELN SO BELIEBT?

› Großeltern backen den besten Kuchen und basteln die schönsten Dinge.
› Sie können Geheimnisse für sich behalten.
› Sie erfüllen Wünsche, dürfen Ausnahmen machen.
› Sie sind warmherzig und kuschelig.
› Sie können tolle Geschichten erzählen, weil sie schon so viel erlebt haben.
› Von ihnen kann man Tricks ablauschen.
› Bei ihnen dürfen die Enkel auch mal Dinge außer der Reihe tun und Ausnahmen erleben.
› Großeltern wissen auf so unglaublich viele Fragen eine Antwort, weil sie sich Zeit nehmen können.

druck kommt. Jeder möchte so gesehen und geliebt werden, wie er eben ist, und als Eltern oder Großeltern möchte man, dass es allen Familienmitgliedern gut geht. Das ist der zeitlose, emotionale Erfahrungsschatz, den Sie als Großeltern in besonderem Maße ins Familienleben einbringen, weil Sie die langjährigste Erfahrung darin haben, wie man Höhen und Tiefen im Leben meistert. Mit diesem Mitgefühl ausgestattet, sind Sie Ihren Kindern immer eine wertvolle Stütze, egal ob Sie sich vor Ort in den Familienalltag aktiv einbringen können oder aus weiter Ferne die Geschehnisse beobachten.

GELASSENHEIT UND VERTRAUEN

Eine weitere wichtige Grundlage, die Sie Ihren Kindern geben können, ist Vertrauen. Ihre Kinder sind jetzt nicht nur erwachsen, sondern sogar reif dafür, gute Eltern zu sein.

Vertrauen Sie Ihren Kindern, dass sie gute Eltern sind, ihr Bestmöglichstes tun, genauso wie Sie es einst getan haben.

Dass man dabei auch mal Fehler macht, dass es Schwierigkeiten geben kann und dass man zeitweilig auch an den Rand seiner Kräfte gerät – das haben Sie ja alles selber erlebt. So sind eben die Herausforderungen des Lebens, die die Menschen reifen und stärker werden lassen. Ihre Kinder aber wollen selber reifen und stark werden, ihre eigenen Chancen nutzen und ihren eigenen Lebensplan verwirklichen. Das soll nicht heißen, dass sie dabei keine Unterstützung benötigen und Sie als Großeltern nicht mehr gebraucht werden – im Gegenteil.

DAFÜR SIND ELTERN WIRKLICH DANKBAR

› Großeltern sind da, wenn die Eltern gerade nicht zur Verfügung stehen.
› Sie können den Enkeln die Welt zeigen, spielen, singen, toben, basteln, werkeln, mit den Enkeln in Urlaub fahren.
› Sie sind eine Stütze der Eltern und geben Kraft.
› Sie helfen im Haushalt, wenn's nottut.
› Sie können trösten und Streit schlichten.
› Sie bewahren Ruhe und bleiben gelassen.

Helfen heißt nicht einmischen

Besonders, wenn Sie in der Nähe der Kinder oder mit ihnen zusammenwohnen, werden Sie reichlich Gelegenheit haben zu helfen. Wichtig ist nur, dass Ihre Kinder diejenigen sein müssen, die sagen, welche Hilfe sie wann und wie von Ihnen benötigen. Deshalb ist die dritte wichtige Perle aus dem Schatz der Großeltern Respekt.

Nur wenn Sie die Ansichten Ihrer Kinder über Familienleben und Kindererziehung auch respektieren, werden Sie wirklich helfen können.

Das ist manchmal sicher leichter gesagt als getan. Vieles hat sich im Vergleich zu früheren Erziehungsansichten scheinbar ins Gegenteil verkehrt. Ob, wie oft oder wie lange gestillt wird, Kinderbett oder

Elternbett, Verwöhnen, Kita oder nicht – das alles sind Fragen, über die Großeltern und Eltern aneinandergeraten können. Da können auch mal Zweifel, Besorgnis und vielleicht auch alte Ängste, Traurigkeit oder Wut hochkommen. Mitunter ist es die Erinnerung an eigene Erlebnisse, die diese Gefühle in Ihnen hervorruft. Lassen Sie diese Gefühle bei sich zu. Vielleicht gibt es in Ihrem Bekanntenkreis ja noch andere Großeltern, die ähnliche Erfahrungen gemacht haben, mit denen Sie sich austauschen können. Aussprache tut oft gut.

Sie müssen die Ansichten Ihrer Kinder ja nicht in jedem Fall teilen oder gutheißen. Sie brauchen sie einfach nur zu respektieren.

Es ist besser, sich bei anderen vertrauten Personen Luft zu machen, als die eigenen Kinder zu verunsichern.

Auch Großeltern haben nicht grenzenlos Zeit

Großelternsein ist Elternsein auf Zeit. Sie bringen die Enkel nach der vereinbarten Zeit zurück zu den Eltern oder kehren zurück in Ihr eigenes Zuhause. Auch müssen Sie nicht ständig Ihren Kindern zur Verfügung stehen. Zudem sind viele Großeltern selber noch berufstätig oder haben eben einfach viel vor. Bevor Sie Hilfe anbieten, überlegen Sie genau, in welchem Umfang Sie Hilfe leisten wollen und auch können. Sagen Sie das Ihren Kindern auch ehrlich. Es ist keinem geholfen, wenn Sie sich aus falsch verstandenem Pflichtgefühl aufopfern oder überfordern. Ihr eigenes Leben ist auch wichtig.

Ob basteln, spielen oder einfach nur kuscheln: Genießen Sie Ihre neue Großelternrolle.

ZUM ANFASSEN UND ANSCHAUEN

EINE KLEINE FÜHLWURST

Man braucht: Verschiedene Stoffe (Stoffreste, Stoffe aus alten T-Shirts, Hemden, Hosen, Stoffe aus Stoffmusterbüchern) * Bunte Borten, Schnürsenkel * große Knöpfe * große Perlen * Holzringe * Garn * Nadel oder Nähmaschine * Füllwatte

a. Aus Papier ein etwa 12 x 5 cm großes Rechteck schneiden.
b. Dieses auf etwa 3-5 verschiedene Stoffe legen und die Stoffe in dieser Größe zurechtschneiden.
c. Die Stoffrechtecke an den langen Seiten rechts auf rechts zusammennähen. So entsteht ein Streifenstoff im Patchwork-Stil.
d. Ober- und Unterseite versäubern, damit der Stoff nicht ausfranst. Holzringe, Knöpfe, Kordeln oder Bänder an die beiden Schmalseiten von links annähen, daran denken, dass dafür nur die Hälfte der Schmalseite zur Verfügung steht. Außerdem ist es sehr wichtig, alles so fest wie möglich anzunähen und anzuknoten, damit das Baby nichts abreißen und verschlucken kann.
e. Stoff der Länge nach rechts auf rechts zusammenlegen. Nun entsteht ein Schlauch.
f. Schlauch von links nach rechts umstülpen, Holzringe, Knöpfe, Kordeln nach außen legen, eine Schmalseite zunähen und die Wurst mit Füllwatte füllen. Die letzte Naht an der zweiten Schmalseite mit der Maschine oder von Hand zunähen.

VOGELMOBILE

Die Vögelchen sind alle aus Stoffen eines Stoffmusterbuches für Sofastoffe genäht. Diese Bücher bekommt man in Einrichtungsgeschäften. Fragen Sie einfach nach, meist werden sie weggeworfen, wenn sie nicht mehr benötigt werden.

a. Schnittmuster für den Vogelkörper auf Papier aufmalen und ausschneiden.
b. Muster auf Stoff übertragen, indem man die Umrisse mit einem Stift anzeichnet.
c. Mit etwa 1 cm Nahtzugabe ausschneiden.
d. Zwei kleine Herzen aus anderem Stoff ausschneiden, für die Flügelchen sowie ein gelbes Dreieck für den Schnabel. Die Schwanzspitze wird aus einer Borte gemacht.
e. Die Flügel auf die beiden Körperseiten aufnähen oder -kleben.
f. Den Schnabel und die Schwanzborte mit Stecknadeln auf einer Körperinnenseite an Ort und Stelle mit Stecknadeln feststecken.
g. Die andere Körperseite darauflegen. – Jetzt müssen die Flügel außen zu sehen sein. – Zusammenstecken und -nähen, dabei Schnabel und Schwanz mit in die Naht aufnehmen und einen Schlitz am Bauch zum Füllen offen lassen.
h. Während der Vogel noch in der Maschine steckt, ein wenig Füllwatte hineinstopfen.
i. Vogel fertig zusammennähen.
j. Aus schwarzem Garn mit der Hand auf jeder Seite jeweils ein kleines Auge aufnähen.
k. Vögelchen mit Garn an einem Ast aufhängen.

Natürlich können Sie auch ein Auto- oder Raketenmobile nähen.

MOBILE AUS BIERDECKELN

In einigen Bastelgeschäften kann man blanko-Getränkeuntersetzer oder, wie die Bayern sagen, Bierfilzl, kaufen. Aber auch normal bedruckte Bierdeckel sind geeignet, denn sie werden ohnehin beklebt.

MOBILE MIT FAMILIENFOTOS

Drucken Sie Fotos von der gesamten Familie aus. Mama, Papa, Geschwister, Oma, Opa, Tanten, Onkel, Cousinen oder auch Freunde.

a. Legen Sie die Bierdeckel auf die Fotos und umkreisen sie mit einem Stift die Rundung.
b. Schneiden Sie die Fotos entlang der Kreislinie aus und kleben Sie die Fotokreise auf eine Seite der Bierdeckel.
c. Nun legen Sie die Untersetzer in gleichmäßigen Abständen so in Reihen, wie das Mobile später hängen soll. Die unbeklebte Seite zeigt nach oben. Legen Sie eine Schnur über die Bierdeckel.
d. Nun gestalten Sie die andere Bierdeckelseite mit farbigem oder gemustertem Papier, Tapete, weiteren Fotos oder Bildern. Während die Motive aufgeklebt werden, wird die Schnur gleich zwischen Bierdeckel und Motiv mit festgeklebt.
e. Wenn Sie am unteren Ende der Schnur ein paar Perlen aufziehen, hängt die Bierdeckelreihe besser und hat einen hübschen Abschluss.

BABYS ERSTE BÜCHER

Es macht Spaß, die ersten Babybücher aus Stoff selbst zu gestalten und gemeinsam zu entdecken.

BUCH AUS VERSCHIEDENEN STOFFMUSTERN

Legen Sie die Stoffmusterquadrate aufeinander und nähen Sie sie am linken Rand zusammen, sodass man die verschiedenen Stoffe blättern kann.

STOFFBUCH MIT BILDERN ZUM FÜHLEN

a. Schneiden Sie mit einer Zackenschere mehrere gleichgroße Rechtecke aus. Ein Rechteck ist so groß wie zwei quadratische Buchseiten nebeneinander im aufgeschlagenen Buch.

b. Applizieren Sie auf der einen Seite der Rechtecke jeweils rechts und links, also in der Mitte jedes Quadrats, Bildmotive zum Anschauen und Fühlen: Ein Babyfoto in einer kleinen Klarsichthülle, ein Teddykopf aus weichem Plüsch, ein Ball aus einer knisternden Tüte, ein Reißverschluss mit einem Stück einer alten Hose. Oder befestigen Sie Knöpfe oder eine Schleife oder nähen ein Bild auf.

c. Nähen Sie jeweils zwei Rechtecke mit den Bildseiten nach außen zusammen. Daraus erhalten Sie vier quadratische Buchseiten.

d. Stellen Sie weitere Rechtecke mit Bild- und Fühlmotiven her. Am Schluss legen Sie alle aufeinander und nähen alle Doppelseiten in der Buchmitte mit einer einzigen Naht zusammen.

Achtung: Knisterfolie und Spiegelfolie machen Spaß, müssen aber sehr fest angebracht werden, damit Ihr Baby die Metalle und Kunststoffe nicht abbeißen und schlucken kann. Denn ein Buch wird gern mit dem Mund erforscht.

EIN SPIELBRETT WECKT ENTDECKERFREUDEN

Alles was man drücken und drehen kann, ist für Babys und Kleinkinder interessant. Ab dem Sitzalter ist ein Multifunktionsbrett eine wunderbare Sache, um dies und das auszuprobieren. Man kann drehen, drücken, Licht anknipsen, sich im Spiegel sehen, klingeln, Schachteln auf und zu machen und sich an den Fotos erfreuen und man kann eine Kugel oder etwas anderes Lustiges durch das Rohr kullern lassen und sich freuen, wenn sie laut scheppernd in der Dose ankommt. Gehen Sie durch den Baumarkt und sehen Sie sich um, was man drücken und drehen kann. Das Brett sollte jedoch nicht splittern, keine Dämpfe abgeben und nicht chemisch behandelt sein (speichelfeste Farbe).

Im abgebildeten Brett wurde Folgendes verbaut:
Ein Rohr * Holzringe * Dose * Rädchen * Griff * Türklinke * Lichtschalter * Dimmer * Fahrradklingel * Kleiner Spiegel * Schubladenknauf * Wasserabsperrhahn * Drei runde Schmuckschachteln (in die ich Fotos geklebt habe) * Bunte Tape-Bänder
Sie brauchen außerdem: Bohrer * Schraubenzieher, Klebstoff * Schrauben * Muttern.

a. In ein großes Brett werden erst einmal einige Löcher gebohrt, um die vielen Dinge anzubringen und um das Brett gut zu befestigen, sodass Ihr Baby dran kommt, es aber nicht losreißen kann.
b. Dann alle Dinge darauf montieren oder ankleben. Und fertig ist das Multifunktionsbrett!

BABYS TIERLEBEN

Kinder jeden Alters interessieren sich für Tiere, Tierbücher und Tiergeschichten, und schon die Kleinsten machen Tierlaute nach. Die älteren nehmen Tiere in ihre Rollenspiele auf. Der schlaue Fuchs und die dumme Gans, die Katze, die sich auf leisen Pfoten anschleicht, der Löwe, der laut brüllen darf. Kinder dürfen, wenn sie ein Tier darstellen, aus der Rolle fallen. Deshalb lieben sie Tierkostüme zu Fasching. Manche spielen endlos mit Tierfiguren aus Kunststoff oder Holz und gehen immer wieder gern in den Zoo. – Und wer hört den Kuckuck zuerst? Ohne Zweifel das Baby!

STOFFTIERE VON KINDERHAND ENTWORFEN

Sie haben mehrere Kinder? Und möchten mit dem größeren Kind zusammen etwas für das Baby gestalten? Vielleicht malt Ihr Kind ein Tier? Das kann dann eins zu eins als Stofftier umgesetzt werden. Zeichnung kopieren – falls nötig vergrößern – oder mit einem Pauspapier abpausen.

a. Umrisse der Zeichnung auf den Stoff übertragen; ausschneiden und aufstecken oder mit Pauspapier direkt auf den Stoff übertragen.

b. Das Tier mit Nahtzugabe zuschneiden. Ob man das Tier aus einem Stück macht oder vielleicht Beine und Kopf extra an dem Körper befestigt werden, hängt ein bisschen von der Zeichnung ab.

c. Augen, Mund und Nase oder eine Mähne möglichst originalgetreu aufsticken oder aufnähen. Beziehen Sie das größere Kind in das Nähen und Werkeln mit ein. Natürlich muss alles besonders gut angenäht werden, damit das Baby nichts abreißen und verschlucken kann.

TIERLAUTE UND –LIEDER

FUCHS, DU HAST DIE GANS GESTOHLEN

*Fuchs, du hast die Gans gestohlen,
Gib sie wieder her,
Sonst wird dich der Jäger holen
Mit dem Schießgewehr.*

WIE MACHT DER HUND?

*Wie macht der Hund? Wauwau.
Wie macht die Katze? Miau.
Wie macht das Schaf? Mähähä.
Wie macht die Kuh? Muh.
Wie macht die Ente? Quak quak.
Wie macht der Fisch?*

Hier kann man stumm den Mund
auf- und zuklappen.

*Und wie macht der Floh?
Der macht so!*

Und springt als Finger auf den Bauch des Babys
und kitzelt es ein klein wenig.

BABYAQUARIUM

Fische haben eine einfache Form und sind leicht zu nähen. Nähen Sie aus verschiedenen Stoffen kleine Fische und füllen sie diese mit etwas Füllwatte. Nähen Sie aus blauem Stoff einen kleinen Behälter wie ein Aquarium oder benutzen Sie eine kleine Kiste. Jetzt können die Fischchen immer wieder in das Aquarium gelegt oder herausgenommen werden. Auf und zu, rein und raus, das lieben die Babys. Größere Kinder können versuchen, die Fische mit einem Kochlöffel herauszufischen.

ALLE MEINE ENTCHEN

**Alle meine Entchen
Schwimmen auf dem See,
Schwimmen auf dem See.
Köpfchen in das Wasser
Schwänzchen in die Höh'.**

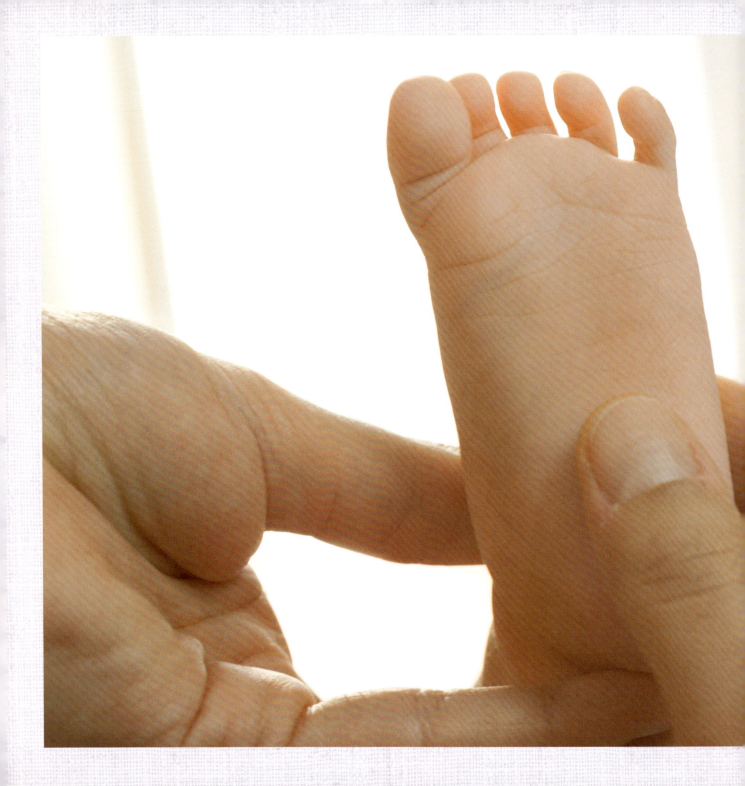

LIEBEVOLLE BABYMASSAGE

Mit den Massagen geben Sie Ihrem Kind das wunderbare Gefühl, auf dieser Welt angekommen zu sein. Bei jedem Spaziergang durch den Körper werden Sie sich besser verstehen und kennenlernen. Nach einer Weile stellt sich Routine ein, sodass Sie sich aufeinander freuen werden.

ANLEITUNGEN ZUR MASSAGE

Nun ist es so weit. Ihre Familie hat sich auf das Neugeborene eingestellt, Sie haben alle Vorkehrungen getroffen und stellen sich auf Ihr Baby ein, indem Sie ihm deutlich machen, was Sie vorhaben. Vielleicht möchten auch Sie selbst vorher noch wissen, was während einer Babymassage passiert? Neben all den Aspekten der Entwicklungsförderung und der Ausbildung des Selbstvertrauens regt die Massage auch ganz unmittelbar Prozesse im Körper an, und zwar sowohl beim Baby als auch bei Ihnen als Masseur oder Masseurin. Bei beiden wird durch die Berührung der Haut das Hormon Oxytocin freigesetzt, das die zwischenmenschliche Bindung stärkt, und deshalb manchmal Kuschelhormon genannt wird. Das Baby nimmt außerdem Ihren Herzschlag und Ihre Atemfrequenz wahr, ebenso Ihre Schweißbildung, Ihren Körpergeruch und Ihre Hauttemperatur und kann dadurch mitbekommen, ob Sie zum Beispiel entspannt, aufgeregt, aktiv oder inaktiv sind. Ihr Kind ist also voll im Bilde, erkennt Sie wieder, freut sich vermutlich darüber, dass Sie ihm wieder ganz nahe sind und mit dem Massageritual wohl gleich beginnen werden. Blättern Sie noch einmal zurück zur Erlaubnisfrage auf Seite 52 und 53, um sich zu erinnern. Denn beim ersten Mal ahnt Ihr Baby ja noch gar nicht, was Sie vorhaben. Später wird das Frageritual zum Erkennungszeichen für die Massagezeit.

> ### EIN VORSCHLAG FÜR DIE REIHENFOLGE DER MASSAGEN
> - Massagen an Beinen und Füßen ab Seite 84
> - Massagen für den Bauch ab Seite 93
> - Mit sanften Übungen die Entwicklung fördern ab Seite 119
> - Einfühlsame Brustmassagen ab Seite 96
> - Massagen an Armen und Händen ab Seite 98
> - Rückenmassagen ab Seite 116
> - Massagen fürs Gesicht ab Seite 110

Anordnung und Reihenfolge der Massagen

Die folgenden Massageanleitungen sind nach Körperregionen geordnet, was jedoch nicht die Reihenfolge der Massagen von vornherein festlegen soll. Sie werden schnell herausfinden, was Ihrem Baby gefällt und was nicht, und einige Körperteile öfter und andere eher selten massieren. Gehen Sie dabei besonders achtsam vor. Es kann auch sein, dass Ihr Baby bestimmte Berührungen überhaupt nicht zulässt oder nur die Massage einer Körperregion auf einmal verkraften kann. Oder Sie beginnen mit den sanften Übungen, mit denen man allmählich und spielerisch immer weiter in die Massageübungen eintauchen kann.

Es hat sich herausgestellt, dass die meisten Babys die Massage an Beinen und Füßen am liebsten mögen. Wenn Sie damit anfangen und diese Massage ein paar Tage beibehalten, sodass das Baby sie verinnerlichen kann, haben Sie eine Grundlage, auf der Sie nach und nach die weiteren Grifffolgen einführen und aufbauen können.

Nach ein paar Tagen gehen Sie zur Bauchmassage über. Probieren Sie aus, ob Ihr Kind schon Bein- und Bauchmassage während einer Massagesitzung haben möchte, oder ob das »Neue« vorerst vollkommen ausreicht.

Nach der Bauchmassage hat es sich bewährt, die sanften Übungen zur Förderung der Entwicklung einzuführen, die die Nerven stimulieren. Auf diese Weise kann Ihr Baby Vertrauen gewinnen und sich für die anschließende Massage des empfindsamen Brustbereiches und für die Armmassage öffnen. Zum Schluss werden die Massagegriffe für Rücken und Gesicht eingeführt.

Da die Gesichtsmassage ohne Öl auskommt, massieren Sie das Gesicht am besten zuerst und ölen erst danach die Hände ein, oder Sie massieren das Gesicht ganz am Schluss, wenn das Öl an den Händen schon weitgehend eingezogen ist.

Es ist allerdings eher unwahrscheinlich, dass sich ein Baby von Kopf bis Fuß in einer Sitzung massieren lässt. Hält es nicht so lange durch, massieren Sie einzelne Körperteile zu jeder Massagesitzung abwechselnd, immer unter der Voraussetzung, dass Ihr Baby Ihnen nach der Frage auch Erlaubnis erteilt hat. Dann kann dabei nichts schiefgehen.

Massagen zwischendurch

Die Hände können auch unkompliziert mal zwischendurch massiert werden, da Sie Ihr Baby dafür nicht ausziehen müssen. Auch die sanften Übungen ab Seite 119 sind als »Unterhaltungsbeitrag« für zwischendurch gut geeignet.

GOLDENE REGELN – BITTE ZU BEACHTEN

> Vermeiden Sie unbedingt, eine Massagesitzung im Brustbereich oder Schulter-Armbereich zu beginnen. Diese Regionen sind oftmals sehr berührungsempfindlich. Fangen Sie deshalb bei Beinen und Füßen an zu massieren, damit Ihr Baby mit dem Massageritual vertraut ist, ehe Sie mit der Brust- oder Kopfmassage sein Innerstes berühren.
> Wenden Sie Berührungsentspannung von Seite 126, die sanften Übungen von Seite 119 oder besonders beliebte Massagegriffe vorher an und führen behutsam auf die Berührung an sensiblen Körperteilen hin.
> Beim Wechsel der Massagegriffe oder erneutem Einölen halten Sie immer mit einer Hand Körperkontakt zum Kind. Dadurch reißt Ihr »Draht« zueinander nicht ab.

Die folgenden Massageanleitungen können eine Technik beschreiben, Gefühle und Erleben aber nur schwer wiedergeben. Konzentrieren Sie sich beim Üben zu Hause mehr auf sich und Ihr Kind als auf die Richtigkeit der Griffe. Setzen Sie sich nicht unter Druck, alles perfekt machen zu müssen und bleiben Sie bei sich selbst. Dann können Sie auch die Gefühle Ihres Babys wahrnehmen.

Massagen an Beinen und Füßen

Beginnen wir mit der Massage von Beinen und Füßen und tasten uns im wahrsten Sinne des Wortes in die Wunderwelt des ganzen Babykörpers vor – achtsam und mit Respekt.

Wir beginnen die Massage an den Beinen, weil die meisten Babys an dieser Stelle am empfänglichsten für die Massage sind und dort weniger negative Berührungserfahrungen gemacht haben.

Die kindliche Entwicklung fängt beim Kopf an, dann folgen die Arme, der Rumpf und zum Schluss die Beine. Das bedeutet, dass Ihr Baby während der Massage weniger in seinen eigenen Aktivitäten eingeschränkt wird, wenn Sie die Massage unten bei den Beinen beginnen.

 ### INDISCHES STREICHEN

Löst Spannungen, fördert die Durchblutung der Füße, erwärmt das ganze Bein und wirkt beruhigend.
> Umschließen Sie mit einer Hand den Unterschenkel nahe beim Fußgelenk, mit der anderen den Oberschenkel nahe an der Hüfte. Ihre Finger berühren dabei die Beinoberseite, während die Daumen an der Beinunterseite entlangstreichen. 1

ANLEITUNGEN ZUR MASSAGE

- Die Hand streicht nun sanft vom Oberschenkel außen über das Knie über den Unterschenkel hinunter zum Knöchel hin.
- Ihre zweite Hand greift vom Fußgelenk zum Oberschenkel und streicht genauso auf der Innenseite des Beines in Richtung Fußgelenk. 2
- Dann wechselt die erste Hand wieder zur Ausgangsposition. Lassen Sie eine Hand während des Wechsels am Unterschenkel, um den Körperkontakt aufrechtzuerhalten.
- Achten Sie darauf, die Fußsohle nicht zu berühren. Es kann sonst zu einer reflexartigen Reaktion kommen, die zu einer Anspannung der gesamten Beinmuskulatur führt. In diesem Moment ist die Muskulatur nicht mehr sensibel für die Berührung. Sollte es doch einmal passieren, warten Sie, bis sich die Muskeln wieder entspannt haben und streichen weiter. Ihre Berührungen sollten nicht kitzeln. Babys Po liegt auf einer wasserfesten Unterlage. Häufig bewegt sich das Baby während der Massage. Passen Sie die Streichbewegungen dann an die veränderte Position an.

ZUERST DAS ERSTE, DANN DAS ZWEITE BEIN

Um mehr Ruhe in den Massageablauf zu bringen und Ihr Kind nicht immer anders lagern zu müssen, wenden Sie erst alle Beinmassagegriffe an einem Bein an, bevor Sie zum nächsten Bein übergehen. Hält Ihr Baby noch nicht so lange durch, dass Sie alle Griffe anwenden können, hören Sie auf, wenn Ihr Kind Rückzugssignale sendet und streichen das noch nicht massierte Bein nur zwei- bis dreimal aus, damit Ihr Kind ein symmetrisches Körpergefühl hat. Bei der nächsten Massagesitzung beginnen Sie dann mit dem noch nicht massierten Bein.

UMSCHLIESSEN UND GLEITEN

Wirkt anregend und kräftigt die Muskeln.
› Beide Hände umschließen den Oberschenkel und führen eine Drehbewegung nach unten durch. Dabei gleiten die Hände vom Oberschenkel zum Unterschenkel bis an den Fuß. 1
› Im Bereich des Kniegelenkes findet keine Drehbewegung statt, denn eine Verdrehung des Kniegelenks ist unbedingt zu vermeiden.
› Die Hände streichen sanft über den Kniebereich, ohne den Kontakt zu verlieren.

STREICHEN ÜBER DIE FUSSSOHLE

Regt die Reflexzonen an, wirkt entspannend und unterstützt Wachstum und Entwicklung.
› Umschließen Sie mit beiden Händen den Unterschenkel. Die Finger sind auf der Beinoberseite, die Daumen streichen nacheinander von der Ferse zu den Zehen hin. 2
› Beobachten Sie, wie Ihr Baby auf diese Massage reagiert. Wie fühlt sich das an? Manche Babys mögen nicht an den Füßen massiert werden. Das Baby zeigt Ihnen, ob es die Massage am Fuß gerade genießt oder nicht.

Bei jüngeren Babys kommt es häufig zu einer reflexartigen Reaktion, sodass die Zehen- und Fußmuskulatur angespannt wird. Warten Sie, bis sich die Muskeln wieder entspannt haben und streichen dann weiter. Ihre Berührungen, so auch am Fuß, sollten möglichst nicht kitzeln.

ANLEITUNGEN ZUR MASSAGE

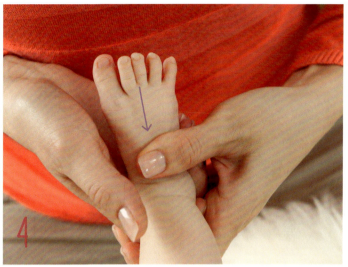

 ZEHENROLLEN

Hilft, Körpergefühl aufzubauen und regt alle Sinne an.
› Nach dem letzten Streichen zu den Zehen hin bleiben Ihre Finger dort. Kreisen Sie nun mit Daumen und Zeigefinger auf und unter jedem Zeh.
› Die andere Hand gibt dem Unterschenkel weiterhin sicheren Halt. Viele Babys beobachten gerade die Fußmassage sehr aufmerksam.
› Dies ist eine schöne Möglichkeit, von Seite 92 einen kleinen Reim zu sprechen oder ein Lied zu singen

 IMPULSE AUF BALLEN UND FERSE

Wirkt entspannend auf den ganzen Körper, speziell aber auf Schulter und Brust.
› Legen Sie Ihren Zeigefinger quer unter die Zehen auf den Ballen und führen Sie leichte Druckbewegungen an dieser Stelle aus. 3
› Die gleiche Bewegung wird anschließend am Anfang der Ferse, unterhalb des Mittelfußes, durchgeführt. Massieren Sie diese Stelle sanft.

 TAPPEN AUF DER FUSSSOHLE

Wirkt positiv auf das Wachstum, wirkt unterstützend auf Körperbewusstsein und Entwicklung und regt die Reflexzonen an.
› Umschließen Sie mit den Fingern den Unterschenkel nahe am Fußgelenk.
› Ihre Daumen bewegen sich »tappend« über die gesamte Fußsohle bis zu den Zehen.

 FUSSRÜCKEN STREICHEN

Stärkt die Fußmuskulatur und wärmt die Füße.
› Der Unterschenkel des Babys ruht auf Ihren Fingern.
› Ihre Daumen streichen nacheinander rhythmisch und ruhig über den Fußrücken von den Zehen zum Fußgelenk hin. 4

KREISE UM DAS FUSSGELENK

Wirkt entspannend, löst emotionales Wohlbefinden aus, regt das Immunsystem an.

› Die Hände bleiben in der Position wie bei der Fußrückenmassage, das heißt der Unterschenkel des Babys ruht weiterhin auf Ihren Fingern und die Daumen umkreisen das Fußgelenk fast so wie eine kleine Perlenkette.

SCHWEDISCHES STREICHEN

Wirkt anregend, fördert die Durchblutung und kräftigt die Muskulatur.

Den folgenden Massagegriff haben Sie und Ihr Baby bereits in umgekehrter Richtung kennengelernt als entspannendes »Indisches Streichen«.

› Geben Sie dem Beinchen am Unterschenkel mit beiden Händen Halt. Ihre Finger liegen auf der Beinoberseite, die Daumen auf der Beinunterseite. 1

› Die erste Hand streicht von der Unterschenkelaußenseite über das Knie zum Oberschenkel hin.
› Sie greift dann zurück zum Unterschenkel, direkt unter das Fußgelenk.
› Anschließend wiederholt die zweite Hand die gleiche streichende Bewegung an der Beininnenseite zum Oberschenkel hin. 2
› Achten Sie darauf, dass die Hand am Unterschenkel jeweils den Abstand zur Hüfte einhält.

Sie können in vielen Fällen einen deutlichen Unterschied zwischen dem massierten und dem nicht massierten Bein spüren. Die Beinchen fühlen sich dann unterschiedlich schwer an und unterscheiden sich oft in Bezug auf Wärme und Farbe. Auch die Körperspannung kann eine andere sein.

ANLEITUNGEN ZUR MASSAGE

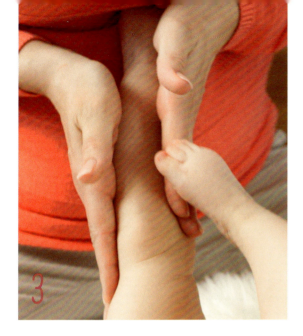

 ENTSPANNUNG FÜR DEN PO

Entspannt die ganze Wirbelsäule und regt das Körperbewusstsein an.
› Gleiten Sie mit beiden Händen unter den Po des Babys und kreisen mit den Fingern über die beiden Gesäßbacken nach innen.
› Um eine Verbindung aller massierten Körperteile herzustellen, verfahren Sie, wie bei »Integration Beine und Füße« beschrieben.

 INTEGRATION BEINE UND FÜSSE

› Ihre Hände gleiten nochmals unter den Po und streichen von dort unter den Oberschenkeln und den Unterschenkel zu den Füßen hin. Alle massierten Regionen werden so nochmals berührt.

 BEINROLLEN

Wirkt entspannend, lockert die Muskulatur.
› Umschließen Sie das Beinchen mit beiden Händen. Ihre Fingerspitzen ruhen am Oberschenkel, die Handwurzeln am Unterschenkel. 3
› Bewegen Sie Ihre Hände sanft so auf und ab, dass das Beinchen gewiegt beziehungsweise gerollt wird.
› Wenn Ihr Baby nach der Massage des ersten Beinchens noch mag, führen Sie die gleichen Bewegungen am anderen Bein durch.

Dieser Massagegriff kann genauso viel Freude machen, wenn Sie die Rollbewegung schneller machen. Das mögen viele Babys sehr gerne und bekunden dann ihre Freude daran.
Achten Sie darauf, dass der Unterschenkel auf jeden Fall gestützt ist. Das gilt ganz besonders, wenn das Baby größer geworden ist. Stützen Sie das Füßchen dann an Ihrer Brust ab und umschließen Sie den Oberschenkel so, dass sich die Fingerspitzen auf der Beinoberseite begegnen.

ABSCHLUSSRITUAL

Zum Abschluss können Sie Ihrem Baby zeigen, wie schön die gemeinsame Zeit der Massage für Sie war und dass Sie sich selber sehr wohlgefühlt haben. Das gefällt auch Babys sehr gut. Wählen Sie eines der Lieder oder Reime aus und bleiben Sie zunächst bei diesem selben Spruch, damit Ihr Kind diesen als Ritual erkennt, zum Beispiel die Zehenreime auf Seite 92. Babys wird es nie langweilig, immer wieder denselben Spruch zu hören. Von großer Vielfalt sind sie eher irritiert.

SOCKENSPIELEREIEN UND –BASTELEIEN

BABYSOCKEN SIND EIN TOLLES SPIELZEUG

Man kann etwas darin verschwinden lassen, man kann sie dem Baby über die Hand stülpen, man kann sich selbst eine Socke auf den Kopf legen und dann fragen: »Wo ist denn die Socke?« Dann lässt man sie wie zufällig vom Kopf fallen und macht dabei ein möglichst lustiges Gesicht. Oder ziehen Sie die Socken einem Teddybären über die Pfote. Dann lassen Sie das Baby die Socken wieder abnehmen. Ein Spiel, das man unendlich wiederholen kann.

STRUMPFHOSEN-FÜHL-RAUPE

a. Sie benötigen eine alte, bunte Strumpfhose, verschiedenes Füllmaterial, wie Reis, getrockneten Popcorn-Mais, getrocknete Bohnenkerne oder Kichererbsen, Watte, Glöckchen, Kugeln, Reis, Knisterfolie, Butterbrotpapier, Nudeln, Sand und so weiter. Außerdem einen kleinen Stoffrest und zwei Perlen für die Augen sowie Nadel und Faden zum Annähen der Augen.

b. Für die Fühlraupe ein Bein der Strumpfhose abschneiden und mit verschiedenen Dingen füllen. Nach jeder Füllung einen Knoten in die Strumpfhose machen. Dadurch entstehen die Glieder der Raupe.

c. Den Kopf versehen Sie mit einem Gesicht, das Sie wie eine kleine Raupe aussehen lassen.

SOCKENBÄLLE

Wenn Sie Socken haben, die ohne »Partner« sind, füllen sie diese doch einfach mit Füllwatte oder anderen alleinstehenden Socken, die keiner mehr braucht,

bringen Sie sie in eine relativ runde Form, nähen Sie sie von außen mit großen Stichen und Garn zu und schon haben Sie tolle weiche Bälle, mit denen man werfen, rollen und fangen üben kann.
Sie können auch in einen Ball ein Glöckchen geben, damit der Ball klingelt.

FRED, DER SOCKENSCHRECK, MACHT THEATER

Fred besteht aus einer einfachen Socke. Man stülpt sie sich über die Hand und kann nun durch Schließen und Öffnen von Finger und Daumen einen sprechenden Mund nachahmen. Das Sockentier kann aber auch Augen aus Knöpfen bekommen, eine Haarpracht aus Wolle und extra Ohren aus einem anderen Socken. So lässt sich eine ganze Schauspielertruppe herstellen: Löwe, Vogel, Elefant, Schlange, Krokodil, aber auch König, Prinzessin und Zauberer. Mit zwei Stühlen, über die man eine Decke legt, ein Theater bauen. Hinter der Decke kann man sich verbergen und mit den Sockenfiguren darüber sein Theaterstück zum Besten geben.

FRED, DER SOCKENSCHRECK

Ich bin Fred, der Sockenschreck.

Ich fresse alle Socken weg.

Socken sind mein Leibgericht,

Nur die Stinkesocken nicht!

EINE KLEINE RAUPE

Eine kleine Raupe

Mit dem linken Zeigefinger eine Raupe darstellen.

Sucht sich ein Versteck

Die Raupe kriecht auf der Hand herum.

Und wenn du jetzt bis drei zählst,

Die Hand schließt sich um den Finger.

Ist die Raupe weg.
1-2-3- vorbei!

Die Raupe ist in der Faust.

Doch an ihrer Stelle
Sitzt auf alle Fälle
Jetzt ein andres Ding –

Die Hand öffnet sich.

Ein wunderschöner Schmetterling.
Puste ihn ganz zärtlich an,

Pusten.

Damit er fliegen kann!

Die Hand wie einen Schmetterling wegfliegen lassen.

ZWEIERLEI ZEHENREIME

Das ist der große Zeh,
Der fiel – platsch in den See,
Der hat ihn rausgefischt,
Der hat ihm was aufgetischt,
Der hat die Tränen abgewischt,
Und der kleine Wutziputzi,
Hat ihn fröhlich aufgemischt.
Bei jeder Zeile die Zehen einzeln anfassen.

Das ist der große Zeh,
Der sitzt an einem See,
Der läuft durch den grünen Klee,
Der tut sich an den Steinen weh,
Da kommt die liebe Zehenfee,
Und ruft: »Oh jemineh«,
macht wisch, wasch, wusch
Mit einem Kleidungsstück über die Fußsohlen wedeln.

Gleich tut es nicht mehr weh.

ZEIGT HER EURE FÜSSCHEN

Zeigt her eure Füßchen,
Zeigt her eure Schuh,
Und schauet den fleißigen Waschfrauen zu.
Sie waschen, sie waschen,
Waschen den ganzen Tag.

Zeigt her eure Füßchen,
Zeigt her eure Schuh,
Und schauet den fleißigen Waschfrauen zu.
Sie wringen, sie wringen,
Sie wringen den ganzen Tag.

Zeigt her eure Füßchen,
Zeigt her eure Schuh,
Und schauet den fleißigen Waschfrauen zu.
Sie hängen, sie hängen,
Sie hängen den ganzen Tag.

Zeigt her eure Füßchen ...
Sie bügeln, sie bügeln,
Sie bügeln den ganzen Tag.
Sie tanzen, singen, ruhen ...

ANLEITUNGEN ZUR MASSAGE

Massagen für den Bauch

Die Bauchmassage wirkt anregend auf die Darmfunktionen. Blähungen und Verstopfung können regulierend beeinflusst werden, sodass das Baby zur Ruhe kommen kann. Die Massage findet im »weichen Teil« des Bauches statt. Beginnen Sie die Bauchmassage mit Ihren ruhenden Händen. Lassen Sie Ihrem Baby Zeit, Ihre warmen, beruhigenden Hände am Bauch wahrzunehmen.

Die meisten Bauchmassagegriffe verlaufen im Uhrzeigersinn unterhalb der Rippenbögen um den Nabel herum, beziehungsweise folgen dem Dickdarmverlauf. Ihre Hände gleiten gefühlvoll über den Bauch. Die Wirkung der Massage lässt sich ohne intensiven Druck in den Bauch erreichen.

Der Dickdarm verläuft aufsteigend, quer und absteigend. In diese Richtung, also mit dem Uhrzeigersinn und aus dem Körper hinaus, wird der Unterbauch massiert – niemals andersherum. Die unteren Rippenbögen bilden die obere Grenze für die Bauchmassagen. 1

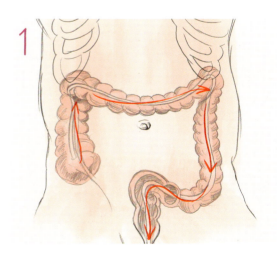

WASSERRAD

Erleichtert Blähungen und Verstopfungen und entspannt die Bauchmuskulatur. Diese Massage ist Teil der Kolikmassage ab Seite 132.

› Machen Sie eine fließende Bewegung mit Ihren entspannten Händen über das Bäuchlein. Dabei streicht immer eine Hand in Richtung der Leisten und wird von der anderen so abgelöst, dass stets Körperkontakt besteht. 2
› Drehen Sie dabei die Hände über die Handfläche zur Handkante und bewegen Sie sie wie die Schaufeln eines Wasserrades.

Dieser Wasserrad-Massagegriff kann bei sehr angespanntem Bauch auch mit erhobenen Beinchen gemacht werden. Dadurch wird die Bauchmuskulatur entspannt und die Berührung wirkt tiefer. Das Abgehen von Winden wird so ebenfalls erleichtert.

ZU DEN SEITEN AUSSTREICHEN

Vertieft die Atmung und regt außerdem die Darmbewegungen an.
› Ihre Finger ruhen an beiden Hüften und geben dem Baby Begrenzung und Halt. Die beiden Daumen liegen unterhalb des Nabels parallel nebeneinander und streicheln gleichzeitig seitwärts zu den Hüften.
› Führen Sie nun die Daumen zur Ausgangsposition auf der Bauchmitte zurück, während die Handflächen weiterhin an der Hüfte ruhen, und wiederholen Sie die streichende Bewegung seitwärts.
› Achten Sie darauf, dass Ihre Bewegungen gleichmäßig sind, damit das Baby auf beiden Körperhälften das Gleiche spürt.

SONNE UND MOND

Lässt Winde abgehen und lindert Darmkrämpfe. Diese Übung ist Teil der Kolikmassage (siehe Seite 133).
› Malen Sie mit Ihrer linken Hand im Uhrzeigersinn eine »Sonne« um den Nabel (rote Kreislinie). 1
› Die rechte Hand beschreibt einen »Halbmond« außen um die Sonne herum. Während Sie die Kreisbewegung der »Sonnenhand« kontinuierlich beibehalten, setzen Sie mit der »Mondhand« bei zirka neun Uhr auf dem Bauch an und streichen einen Halbmond bis auf die Position von fünf Uhr (grüne Linie in der Zeichnung). 1

› Greifen Sie über die »Sonnenhand« wieder auf die Position neun Uhr und setzen so den Kreis fort. Sollte Ihnen dieser Massagegriff nicht gleich auf Anhieb gelingen – macht nichts: Ihr Baby nimmt es Ihnen nicht übel, wenn Sie noch etwas üben.

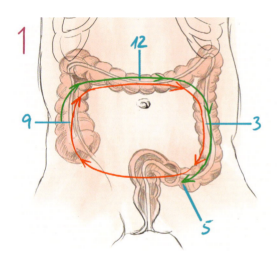

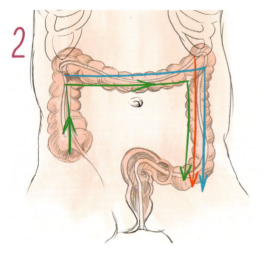

ICH LIEBE DICH

Unterstützt die Darmbewegungen und ist hilfreich bei Verstopfung. Die Übung massiert die hinteren Darmabschnitte auf Babys linker Bauchseite am intensivsten.

› Ihre linke Hand ruht an der Hüfte, während Ihre rechte Hand ein »I«, wie »Ich«, auf die linke Seite von Babys Bauch malt, aus Ihrer Sicht ist dies die rechte Bauchseite (rote Linie). 2
› Malen Sie mit derselben Hand ein auf dem Kopf stehendes »L«, wie »Liebe«, von der rechten Bauchseite des Babys zur Linken und von dort abwärts Richtung Leiste (blaue Linie). 2
› Die Bewegung wird mit einem offenen gedrehten »D« für »Dich« weitergeführt, das von der unteren rechten Körperseite des Babys (von Ihnen aus gesehen links) aufsteigt, einen Halbkreis unter den Rippenbögen zeichnet und zur linken unteren Körperseite absteigt. Aus Ihrer Sicht geht es auf der rechten Seite hinunter (grüne Linie). 2

Sie können Ihr Baby zum Loslassen ermuntern, indem Sie sagen: »Ich liebe dich«, während Sie die Rippenbögen streichen. Babys hören sehr gerne, dass sie geliebt werden.

 FINGERTAPPEN AUF DEM BAUCH

Lässt Winde abgehen.
› Die linke Hand ruht an der rechten Hüfte Ihres Babys, Ihre rechte Hand liegt entspannt quer auf dem Bauch Ihres Kindes, die Fingerspitzen zeigen zu Ihrer linken Hand.
› Tappen Sie nun mit den Fingerspitzen rückwärts in Richtung Nabel und dann weiter zur linken Körperseite. Halten Sie gleichzeitig so viel Körperkontakt mit der Hand wie möglich. Wenn die Bauchdecke hart ist, tappen Sie nur leicht, ist sie weich, können Sie sanft in die Tiefe fühlen. Dazu können Sie ein kleines Lied singen. 3
› Vielleicht spüren Sie ein »Gluckern« unter der Bauchdecke? Dann verweilen Sie mit den Fingern auf dieser Stelle und machen kleine kreisende Bewegungen. Häufig kann man fühlen, wie das »Gluckern« verschwindet und das Baby mit Entspannung reagiert.
› Streichen Sie dann zum Abschluss mit beiden Händen über den Bauch und über die Beine zu den Füßen hin, den Körper aus.

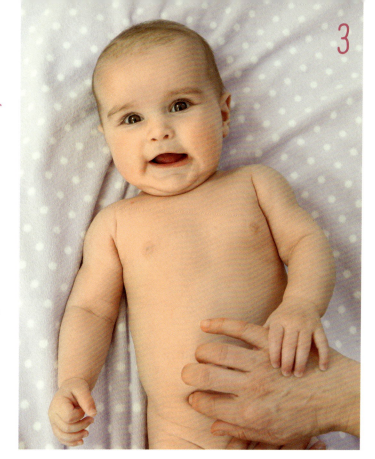

INTEGRATION BAUCH

Stärkt das Körpergefühl und wirkt entspannend.
› Nachdem Sie mit beiden Händen über den Bauch, Beine und Füße ausgestrichen haben, beenden Sie die Massage mit der umschließenden Haltung.
› Sie halten eine Hand unter dem Kreuzbein unter dem Po in Höhe der beiden Grübchen und eine Hand quer über dem Nabelbereich. 1
› Das wirkt besonders entspannend. Achten Sie darauf, dass auch Ihre Hände und Arme dabei entspannt und schwer sind.

Einfühlsame Brustmassagen

Die Brust ist eine sehr empfindsame Körperregion. Entsprechend sanft und behutsam ist auch der Einstieg in die Brustmassage. Beobachten Sie außerdem aufmerksam die Reaktionen Ihres Kindes.

1

 SO BEGINNT DIE BRUSTMASSAGE

Die Brustmassage beginnt mit Ihren ruhenden Händen auf der Brust des Babys.
› Führen Sie dazu Ihre Hände vom Bauch zur Mitte der Brust.
› Bei der Atmung hebt und senkt sich der Brustkorb. Machen Sie diese Bewegung mit Ihren Händen mit.
› Geben Sie Ihrem Baby und sich selbst Zeit zum Spüren und Wahrnehmen.
› Sehr junge Babys gehen in eine Schutzhaltung, indem sie reflexartig ihre Arme vor der Brust verschränken. Respektieren Sie diese Schutzhaltung, indem Sie Ihre Hände auf die verschränkten Ärmchen legen und das Kind sanft hin und her wiegen.
› Gibt Ihr Baby Ihnen zu verstehen, dass es massiert werden möchte, gleiten Sie behutsam mit ein oder zwei Fingern jeder Hand unter den verschränkten Armen hindurch auf die Brustmitte und führen Sie die Brustmassage nur mit diesen Fingern langsam und vorsichtig durch.

Besonders behutsame Erlaubnisfrage

Halten Sie Ihre eingeölten Hände für eine Weile wenige Zentimeter über den Brustkorb Ihres Babys, ohne dass Sie ihn berühren. Das Baby wird die Wärmestrahlung Ihrer Hände spüren und hat sowohl Zeit, sich auf die Berührung einzustellen, als auch Gelegenheit, »nein« zu sagen, indem es Ihre Hände zur Seite schiebt, weint oder andere Rückzugssignale aussendet (siehe Seite 20). Nimmt es Blickkontakt auf oder greift nach Ihren Händen, sagt es »Ja«.

ANLEITUNGEN ZUR MASSAGE

OFFENES BUCH

Vertieft die Atmung und wirkt stimulierend.
Das »offene Buch« ist ein Massagegriff, bei dem die Liebe rein- und der Kummer rausgelassen werden kann. Fängt Ihr Baby bei dieser Brustmassage an zu weinen, um seine Gefühle zu entlasten, halten Sie mit der Massage inne und hören ihm zu. Ablenkung oder Schnuller geben kann hier das falsche Signal sein.
› Streichen Sie Ihre flachen Hände von der Brustmitte seitlich auswärts in Richtung Schultern. 2
› Wenn Sie dabei mit Ihren Händen ein Herz malen, kommen Sie von allein wieder in die Ausgangsposition zurück und können von vorn beginnen.

PAUSE FÜR DEN RÜCKEN

Denken Sie beim Massieren auch an Ihren eigenen Rücken. Massieren Sie in Ihrem eigenen Atemrhythmus und führen Sie dabei folgende Übung aus: Atmen Sie in den Bauch ein, der Bauch wölbt sich vor und Ihre Muskeln entspannen. Beim Ausatmen spannen Sie die Bauchmuskeln und den Beckenboden wieder an und richten Ihre Haltung wieder auf. Damit kräftigen Sie Bauch- und Beckenbodenmuskulatur und Ihr Rücken wird nachhaltig entlastet.

Für ältere Babys:
› Ältere Babys entspannen häufig bereits beim Streichen von der Brustmitte nach außen. Sie können die Streichbewegung dann über die Arme bis zu den Händen hin ausweiten.
› Führen Sie Ihre Hände nacheinander zurück zur Brustmitte. Auf diese Weise bleiben Sie immer mit Ihrem Baby in Kontakt.

SCHMETTERLING

Dieser Massagegriff wirkt stimulierend und schleimlösend. Außerdem überkreuzt er wechselseitig die Körpermitte und gibt somit abwechselnd Impulse an beide Gehirnhälften. Das fördert die Koordination und Lernfähigkeit.
› Streichen Sie, wie bei der Übung »Offenes Buch«, zuerst die Brust von der Mitte zur Seite aus. 2
› Führen Sie die Hände seitlich an die Hüften und geben dem Baby so Begrenzung und Halt.

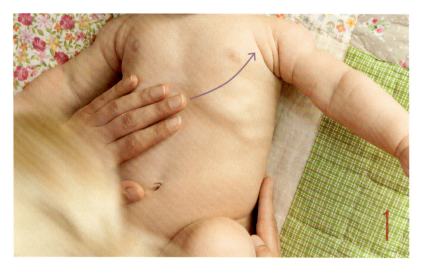

› Eine Hand streicht diagonal zur gegenüberliegenden Schulter, ein kurzes Verweilen mit leichtem Druck an der Schulter vermittelt Ihrem Baby das Gefühl von Sicherheit. 1, 2
› Die Hand streicht dann zurück zur Ausgangsposition an die Hüfte.
› Die andere Hand führt die gleiche Bewegung diagonal zur anderen Schulter aus.

Führen Sie die Bewegung ruhig und rhythmisch durch. Sie werden bald auch Ihre eigene Entspannung zu spüren bekommen.

 INTEGRATION BRUST

Stärkt das Körpergefühl und wirkt entspannend.
› Als abschließendes Ritual streichen Sie über die Brust, den Bauch und abwärts zu den Füßen aus. Zeigen Sie Ihrem Baby, dass Ihnen die gemeinsame Zeit gutgetan hat.

Massagen an Armen und Händen

Die Armmassage besteht aus Massagegriffen, die Sie und Ihr Baby bereits von der Beinmassage her kennen. Massieren Sie zuerst den einen Arm, anschließend den zweiten. Beginnen Sie mit dem Arm, mit dem Ihr Baby Kontakt zu Ihnen aufnimmt. Die Arme und Hände werden vielleicht schon sehr aktiv benutzt, und Ihr Baby braucht seine Arme für wichtige Babyspiele, bei denen es lernt, seine Welt zu begreifen. Eigene Aktivitäten haben Vorrang. Schauen Sie Ihrem Baby zu und warten Sie einen geeigneten Augenblick für die Massage ab. Babys freuen sich, wenn sie für sich entscheiden können.

ANLEITUNGEN ZUR MASSAGE

 ACHSELHÖHLE AUSSTREICHEN

Regt die Lymphfunktionen an und stärkt das Immunsystem.
› Nehmen Sie spielerisch Kontakt zur Hand Ihres Babys auf. Vielleicht greift es auch schon bewusst nach Ihrer Hand.
› Führen Sie den Arm seitwärts nach außen oben. 3
› Streichen Sie einige Male mit einem Finger durch die Achselhöhle.

Verzichten Sie auf diesen Griff, wenn Ihr Baby einen Infekt oder eine schwere Erkrankung hat. Das gilt auch, wenn Ihr Baby mit gebeugten Armen angespannt in einer Schutzhaltung verharrt. Ist Ihr Baby unter den Achseln kitzelig, fühlt sich ein großflächiges Ausstreichen mit der flachen Hand angenehmer an als mit den Fingern.

 UMSCHLIESSEN UND GLEITEN

Wirkt stimulierend und kräftigt die Muskulatur.
› Umschließen Sie den Oberarm an der Schulter mit den Fingern. Diese liegen auf der Oberseite des Armes, die Daumen auf der Unterseite.
› Führen Sie eine Drehbewegung der Finger zueinander durch. Dabei gleiten Ihre Finger vom Oberarm bis ans Handgelenk heran (siehe Bild 1 zu der entsprechenden Beinübung auf Seite 86).
› Die Finger streichen sanft ohne Drehbewegung über den Ellbogenbereich und bleiben so in Kontakt.

Im Bereich des Ellbogengelenkes findet keine Drehbewegung statt, um ein Verdrehen dieses sensiblen Bereiches zu vermeiden.

 INDISCHES STREICHEN

Wirkt entspannend.
› Ihre Hand umschließt den Unterarm des Babys nahe beim Handgelenk.
› Die andere Hand umschließt den Oberarm außen. Die Finger liegen dabei auf der Oberseite des Armes, die Daumen auf der Unterseite.
› Die obere Hand streicht nun vom Oberarm über den Ellbogen und den Unterarm bis zum Handgelenk hin (siehe Bilder 1 und 2 zu der Beinmassage auf Seite 85).
› Dabei wird die untere Hand gelöst und greift zum Oberarm innen um. Dadurch dass der Griff abwechselnd ausgeführt wird, entsteht ein ruhiger, stetiger Rhythmus.

HANDMASSAGE

Wirkt entspannend und unterstützt die Körperwahrnehmung.
› Umfassen Sie den Unterarm Ihres Babys mit einer Hand, um ihm Halt zu geben.
› Streichen Sie mit dem Daumen der anderen Hand vom Handballen des Babys über die Handfläche zu den Fingerspitzen hin. Dabei öffnet sich meistens die kleine Hand. 1
› Streichen Sie jeden Finger einzeln zu den Fingerspitzen hin aus.
› Machen Sie gleichzeitig kleine kreisende Bewegungen mit Daumen und Zeigefinger. Es ist nicht von Bedeutung, an welcher Seite der Hand Sie beginnen. Verlassen Sie sich einfach auf Ihr Gefühl und auf das, was Ihrem Baby gefällt.

Da die Babys sehr individuelle Bedürfnisse haben und sehr unterschiedlich entwickelt sind, ist es möglich, dass eine Greifreaktion ausgelöst wird. Es kann sein, dass das Baby Ihren Finger festhält oder dass es ganz bewusst nach Ihrem Finger greift, um zu spielen. Gehen Sie so darauf ein, wie Sie es beide am liebsten möchten. Die Massage kann auch in ein schönes gemeinsames Spiel mit viel Freude und Fantasie übergehen.

GREIFEN UND AUFGREIFEN

Babys beobachten gerne, was bei der Handmassage geschieht. Greifen Sie das Interesse Ihres Babys auf und reagieren Sie auf seine Signale zum Beispiel mit einem der zahlreichen Fingerverse oder -spiele auf den Seiten 103–105. Schließlich soll die Massage Spaß machen und die Zwiesprache zwischen Ihnen und Ihrem Baby anregen.

HANDRÜCKEN AUSSTREICHEN

Wirkt entspannend.
› Legen Sie die Hand Ihres Babys auf Ihre eigene Handinnenfläche, sodass Sie mit Ihrer anderen Hand den Handrücken des Babys entspannend ausstreichen können. 2

ANLEITUNGEN ZUR MASSAGE

KREISE UMS HANDGELENK

Löst emotionales Wohlbefinden aus, regt die sensorische Integration an und stärkt das Immunsystem.
› Halten Sie den Arm Ihres Babys mit beiden Händen am Handgelenk. Malen Sie kleine rhythmische Kreise rund um das Handgelenk.

SCHWEDISCHES STREICHEN

Wirkt stimulierend und fördert die Durchblutung.
› Umschließen Sie den Unterarm Ihres Babys mit den Fingern beider Hände an der Oberseite und den Daumen auf der Unterseite des Armes.
› Streichen Sie nun über den Unterarm zum Oberarm hin nach oben, Richtung Schulter. 3
› Führen Sie die Finger zurück zum Handgelenk und tauschen die Hände.
› Die zweite Hand kann dann fließend die gleiche Bewegung an der Innenseite der Arme wiederholen.

Durch das Halten des Unterarms vermeiden Sie, dass der Oberarm bei der Massage ins Schultergelenk geschoben wird. Bei jüngeren Babys nehmen Sie für diese Anregung nur ein oder zwei Finger jeder Hand. Beim schwedischen Streichen führen alle Massagebewegungen zum Körper hin. Es ist wie das indische Streichen nur in die Gegenrichtung. Dadurch kommt die anregende Wirkung zustande, während die Massage vom Körper weg eine entspannende Wirkung hat.

ARMROLLEN

Armrollen macht locker, leicht und fröhlich. Stützt Ihr Baby sich schon auf, kann es auch einem Muskelkater vorbeugen.

> Umschließen Sie mit Ihren Händen möglichst das gesamte Ärmchen des Babys. Ihre Fingerspitzen zeigen in Richtung Oberarm.
> Stellen Sie dabei so viel Körperkontakt wie möglich her. Ihre Hände passen sich stets der Haltung oder den Bewegungen des Armes an. Die Bewegung wird wie beim Bein ausgeführt (Bild siehe Seite 89).
> So kann Ihr Baby entspannt genießen, wenn Sie seinen Arm sanft zwischen Ihren Händen rollen und wiegen. Diese Anregung macht viel Spaß, wenn sie schneller durchgeführt wird.
> Wenn Ihr Baby nach der Massage des ersten Armes noch mag, führen Sie die gleichen Bewegungen am anderen Arm durch.

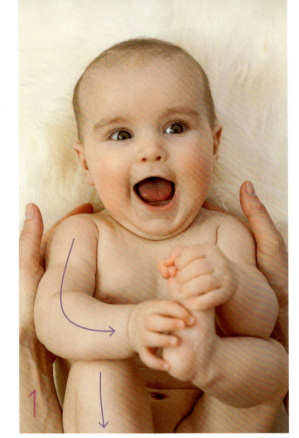

WEITERMACHEN ODER AUFHÖREN?

Die Massage bedeutet viel Stimulation. Es kann sein, dass Ihr Baby müde ist und Ruhe braucht. Manchmal möchte ein Baby nicht weiter massiert werden. Geben Sie ihm die Möglichkeit, die Dinge zu tun, die gerade mehr Spaß machen. Streichen Sie in diesem Fall den nicht massierten Arm einige Male aus. Dadurch hat das Baby ein annähernd ähnliches Körpergefühl in beiden Armen. Beim nächsten Mal können Sie die Massage mit dem anderen Arm beginnen, damit jeder Arm massiert wird.

 INTEGRATION ARME UND HÄNDE

Fördert die Körperwahrnehmung und regt die sensorische Integration an.

Die Integration will dem Baby ein Gefühl dafür vermitteln, von wo bis wo die Armmassage stattgefunden hat. Der massierte Bereich soll abschließend wieder in den gesamten Körper integriert werden. Auf diese Weise lernt das Baby, sich besser in seinem eigenen Körper zurechtzufinden.

> Als Abschlussritual streichen Sie von den Schultern über die Arme und den ganzen Körper bis zu den Füßen hin aus. 1

FINGERSPIELE

DIE FINGER

Der ist klein
Und würd gerne größer sein.
Kleiner Finger
Der trägt die Ringe von Tante Inge.
Ringfinger
Der ist so lang,
Weiß nicht, was er kann.
Mittelfinger
Der würd gern mal schweigen,
Doch muss er immer alles zeigen.
Zeigefinger
Und der Dicke – macht so ein Gezicke!
Daumen schütteln.

FÜNF KLEINE GEISTER

Der kleine Geist macht hui und buh,
Daumen Betonung auf »Der«
Der kleine Geist singt Schuhbiduh,
Zeigefinger
Der kleine Geist versteckt den Schuh,
Mittelfinger
Der kleine Geist kichert:
Hu, hu, huuuu,
Ringfinger
Und der Klitzekleine?
Du weißt schon, wen ich meine?
Der macht sich unsichtbar.
Den kleinen Finger umfassen, sodass man ihn nicht mehr sieht.
Und dann
Fängt alles wieder von vorne an …

WER IST DAS?

Das ist Lieschen, isst gern Radieschen,
»Mhm«. Daumen
Das ist der Fritz, der macht einen Witz,
»Hihihihi«. Zeigefinger
Das ist der Floh, der sagt: Ohhhhh!
»Ohhh«. Mittelfinger
Das ist die Frauke, die haut auf die Pauke.
»Bum bum«. Ringfinger
Und die kleine Anke?
Was macht die?
Die sagt: »Danke«.
Kleiner Finger
Die ganze Hand nehmen und schütteln.

FÜNF GESPENSTER

Fünf Gespenster
Hocken vor dem Fenster.
Das erste schreit: Haaaa!
Das zweite heult: Hoooo!
Das dritte brummt: Huuuu!
Das vierte lacht: Hiii!
Das fünfte schwebt zu dir herein
Und flüstert: Wollen wir Freunde sein?

FÜNF FREUNDE HAB ICH

Fünf Freunde hab ich:
Der Tom, der ist mein Kamerad,
Mit dem spiele ich sehr gern Pirat, Hey ho!
Mit meinem Freund, dem Bert,
Da geb' ich ein Konzert – törö.
Mit Ottokar, dem Langen,
Da spiel ich immer Fangen. – Hab dich!
Zaubern kann ich gut mit Tim.
Hokuspokus – simsalabim,
Und ganz zum Schluss
Da kriegt das Fritzchen einen Kuss.

FÜNF FREUNDINNEN HAB ICH

Hier meine Freundin Lotte,

Mit der esse ich Karotte!

Und mit der Jule

Gehe ich zur Schule.

Mit der Lisa fahr ich nach Pisa.

Mit Renate geh ich in Karate.

Doch diese kleine hier heißt Anke,

Die küss ich und sag leise Danke!

Die Jette ist 'ne nette.

Verstecken spiel ich mit Sabine

Am liebsten hinter der Gardine.

Mit meiner Freundin Gritt,

Da halte ich mich fit …

DAS IST DER DAUMEN

Das ist der Daumen,
Der schüttelt die Pflaumen,
Der sammelt sie auf,
Der trägt sie nach Haus.
Und der Klitzekleine isst sie alle auf.

Die entsprechenden Finger anfassen und ein wenig rütteln, auch bei dem folgenden Reim.

DER IST IN DIE PFÜTZ GEFALLEN

Der ist in die Pfütz gefallen.
Der hat ihn herausgeholt.
Der hat ihn abgetrocknet.
Der hat ihn ins Bett gebracht.
Und das kleine Stubbeditzchen
Sagt jetzt: Gute Nacht.

HIMPELCHEN UND PIMPELCHEN

Himpelchen und Pimpelchen
Stiegen auf einen Berg.
Himpelchen war ein Heinzelmann
Und Pimpelchen war ein Zwerg.

Fäuste machen, Daumen raus.
Ein Daumen ist Himpelchen, der andere Pimpelchen. Beide stellen sich vor.

Dort oben blieben sie lange sitzen
Und wackelten mit ihren Zipfelmützen.

Mit den Daumen wackeln.

Doch nach 27 Wochen
Sind sie in den Berg gekrochen.

Daumen verschwinden in den Fäusten.

Dort schlafen sie in guter Ruh,
Nun seid hübsch still und hört gut zu:
»Rtschepüh, rtschepüh, rthschepüh.«

Laut rufend wecken.

»Himpelchen,
Pimpelchen, aufwachen!«

FANTASIEVOLLE FINGERPUPPEN

Fingerpuppen erfreuen jedes Kind und passen in die kleinste Tasche, zum Beispiel auf Reisen. – Vielleicht haben Sie Lust ein kleines Fingerpuppentheater aus einem Karton zu basteln und dann einige passende Fingerpuppen dazu?

GEHÄKELTE FINGERPUPPEN

Überlegen Sie sich, was für eine Puppe es werden soll. Ein Schwein? Ein Zebra? Ein Monster? Wählen Sie farblich passende Wolle aus.

a. Beginnen Sie mit circa 15 Luftmaschen. Verbinden Sie die Maschen zu einem Kreis und häkeln Sie nun einfach nach oben.

b. Wenn Sie etwa 5 cm nach oben gehäkelt haben – also einen Finger lang – nehmen Sie bei jeder fünften Masche eine ab, indem Sie eine Masche überspringen. Jetzt merken Sie schon, dass der Fingerling schmäler und spitzer wird.

c. Überspringen Sie so oft Maschen, bis sich die schlauchförmige Häkelarbeit oben schließt. Oder nähen Sie mit einer Nadel das Loch zu, wenn Sie eher einen flachen statt spitzen Fingerpuppenkopf haben wollen. Jetzt kann das Püppchen gestaltet werden.

d. Braucht das Tier Ohren? Dann häkeln Sie oben rechts und links an den »Kopf« zwei kleine Ohren-

stücke. Einen Schwanz? Der lässt sich aus Luftmaschen häkeln und am unteren Ende anbringen. Eine Schnauze? Vielleicht aus einem Knopf? Oder die Augen aus zwei Knöpfen?
Oder nähen Sie Augen, Mund und Nase einfach mit schwarzem Garn auf das gehäkelte Fingerpüppchen.

THEATER AUF DEN FINGERN
Einen Stift hat man ja fast immer zur Hand. Damit lassen sich ganz fix ein paar Gesichter auf die Finger malen. Und schon können Sie Langeweile in Kurzweile verwandeln.

GEMALTE FINGERPUPPEN AUS STOFF
Wer nicht die Finger bemalen möchte, näht die Fingerpüppchen aus einfarbig weißem Stoff und malt die Gesichter mit Filzstift auf. Zehn Fingerhälften zuschneiden, fünf davon mit Gesichtern bemalen, zusammennähen und Vorhang auf für eine Theatergeschichte.

SCHACHTEL-FINGERPUPPEN

Sammeln Sie kleine schmale Arzneimittelschachteln oder Schachteln von Zahnpastaproben, also Kistchen, die schon von vornherein eine Fingerform haben. Jetzt verkleiden, bekleben und bemalen Sie die Schachteln. Ein König? Ein Kasperl? Ein Roboter? Tiere? Ein Räuber? Eine Königin?

FILZ- ODER STOFFMÄUSE

Aus Filz oder verschiedenen Stoffen kann man auch ganz einfach Fingermäuse nähen.

Für die Mäuse braucht man:
Grauer Filz oder andere Stoffe * weißer Stoff und zwei kleine schwarze Perlen für die Augen * schwarzer runder Knopf für die Nase * Filzwolle für den Inhalt der Ohren * schwarzes Garn.

a. Zuerst die Grundform des Mausekopfes und zwei Ohren aus dem grauen Stoff ausschneiden, dann zwei kleine Kreise für die Augen.

b. Mit einer Filznadel die Ohren mit ein wenig Filzwolle füllen. Hat man keine Filznadel zur Hand,

kann man auch einen anderen bunten Stoff in die Ohren nähen.
c. Die Grundform falten und mit groben Stichen zusammennähen.
d. Die Ohren an jeder Seite annähen sowie die weißen Augen aufnähen.
e. Auf die Augen noch kleine Perlen nähen für die Pupille und an die Nasenspitze den schwarzen Knopf. Fertig ist das Mäuschen.

FOTOFINGERPUPPEN

Ähnlich wie beim Bierdeckelmobile können Sie auch für Fingerpuppen Fotos verwenden. Vielleicht sind manche lieb gewonnene Freunde oder Familienmitglieder weit weg? Dann holt ein Fingerpuppenspiel mit diesen Fotopuppen die Menschen aus der Ferne in die Nähe.

Mit dem Computer kann man auch Familienfotos auf Stoff ausdrucken und aus diesen Fingerpuppen machen. Einfach eine Grundform Fingerpuppe aus weißem Stoff ausschneiden, die Fotos aufnähen und Vorder- und Rückseite zusammennähen. Und schon kann das Familientheater beginnen.

Massagen fürs Gesicht

Das Gesicht wird ohne Öl massiert, damit kein Öl in die Augen des Babys gelangt. Bevor Sie beginnen, suchen Sie zunächst eine angenehme Position für sich und Ihr Kind. Lehnen Sie sich zum Beispiel sitzend mit angewinkelten Beinen an einer Wand an. Achten Sie darauf, dass Sie während der Gesichtsmassage die Blickfreiheit Ihres Babys nicht mit Ihren Händen einschränken. Manche Babys mögen es nicht, im Gesicht oder im Kopfbereich berührt zu werden. Dann sollten Sie im Moment auch darauf verzichten. Nach einiger Zeit kann sich diese Abneigung legen und dann haben Sie umso mehr Freude an der Massage.

Sie können die folgende Anleitung dann in Ihrem eigenen Gesicht anwenden. Ihr Baby wird vielleicht Freude daran haben zu beobachten, wie Sie Ihr Gesicht massieren und macht es vielleicht sogar nach. Massagen sind schließlich auch für Eltern wohltuend und angenehm.

GESICHTSMASSAGE OHNE ÖL

Weil die Gesichtsmassage ohne Öl erfolgt, eignet sie sich entweder zu Beginn einer Massagesitzung, wenn die Hände noch nicht eingeölt sind, oder am Ende, wenn das Öl an Ihren Händen schon wieder verbraucht ist. Auch zwischendurch kann eine Gesichtsmassage unkompliziert angeboten werden, weil das lästige Aus- und wieder Anziehen des Babys nicht nötig ist. Manchen Babys hilft die Gesichtsmassage auch beim Einschlafen.

STIRN UND AUGENBRAUEN AUSSTREICHEN

Wirkt entspannend.
› Legen Sie Ihre Hände seitlich am Kopf des Babys so ab, dass seine Ohren zum Hören frei bleiben. Ihre Hände ruhen, wenn das Baby es mag. 1
› Ihre Finger oder Daumen liegen auf der Stirnmitte und gleiten synchron seitwärts nach außen in Richtung Schläfen.
› Kommen Sie von beiden Seiten gleichzeitig zurück zur Stirnmitte und wiederholen Sie diese entspannende Bewegung.
› Wenn Ihr Baby im Kopfbereich berührungsempfindlich ist, machen Sie die Massage nur mit den Fingern, ohne den Kopf zu halten.

NASENDREIECK

Regt die Durchblutung an, kann Schnupfen lindern und wirkt stimulierend.

› Gleiten Sie mit zwei Fingern von der Nasenwurzel des Babys zu den Nasenflügeln und zurück und dann über die Wangenknochen hinaus. **2**
› Gleiten Sie sanft zurück in die Ausgangsposition an der Nasenwurzel und wiederholen Sie die Massage einige Male.
› Führen Sie die Bewegungen an der Nase ganz sanft durch, um die freie Atmung des Babys zu erhalten.

GEMALTES LÄCHELN

Regt die Ausschüttung von Glückshormonen an, kräftigt die Muskulatur für die Sprachentwicklung.

› Malen Sie mit zwei Fingern von der Mitte oberhalb der Lippe ein »Lächeln« zu beiden Seiten hin. **3** Zuerst über der Oberlippe, nach einigen Wiederholungen unter der Unterlippe.

Beim Zahnen kann sich mithilfe dieser Massage das Schmerzempfinden reduzieren. Zahnende Babys genießen es, wenn sie auf der Gaumenleiste massiert werden. Hier wird die Berührung stärker wahrgenommen als der Schmerz (siehe Seite 131).

ENTSPANNENDE KREISE UMS KIEFERGELENK

Löst Spannungen, unterstützt das Kauen beziehungsweise Saugen, Sprechen und das Gleichgewicht.

› Kleine Kreise mit den Fingern gleichzeitig an beiden Kiefergelenken wirken sehr wohltuend und entspannend. Denn auch Babys können in dieser Region schon Verspannungen haben, zum Beispiel, wenn sie viel weinen. Beim Saugen werden diese Muskeln ebenfalls stark strapaziert.

Möglicherweise erleben Babys ebenso wie Erwachsene emotionale Anspannungen besonders intensiv in ihrem Kiefergelenk.

MASSAGE FÜR ELTERN

Das Gesicht ist ein Körperteil, das Sie sich in bequemer entspannter Haltung auch selbst massieren können. Egal, ob Sie damit Ihr tägliches Körperpflegeritual bereichern oder sich, beispielsweise bei anstrengender Bildschirmarbeit, eine kurze Auszeit gönnen. Gesichtsmassage entspannt auch angestrengte Augen und kann helfen, Müdigkeitskrisen zu überwinden. Probieren Sie es aus! Das anregende Streichen der Ohren erfüllt denselben Zweck.

ANREGENDES STREICHEN DER OHREN

Wirkt sehr anregend, stimuliert die Reflexzonen, regt alle Körperfunktionen an, fördert die Konzentration. Dieser Massagegriff wirkt besonders anregend und stimuliert die Körperfunktion. Vor dem Einschlafen ist er also ungeeignet.

› Streichen Sie mit Ihren Daumen und Zeigefingern die Ohrränder nach außen und anschließend zum Ohrläppchen hin. Dieses aktivierende Streichen wirkt auch bei übermüdeten Eltern oder Schulkindern beim Hausaufgaben machen, denn es fördert die Konzentration.

BERUHIGENDES STREICHEN UM DIE OHREN

Wirkt entspannend, regt die Reflexzonen und die Lymphtätigkeit an.
Diese abschließende Berührung im Gesicht hat sich bei vielen Babys als Einschlafritual bewährt. Manche Babys bringen sich auf diese Weise sogar selbst in den Schlaf.

› Führen Sie Ihre Finger aus der kreisenden Bewegung vom Kiefergelenk um die Ohren und streichen Sie zum Ohrläppchen hin. 1
› Von dort streichen Sie weiter in Richtung Kinn entlang der Lymphgefäße.
› Vom Kinn aus gleiten Ihre Finger wieder zu den Ohren hin. Mit dieser Bewegung malen Ihre Finger ein Herz um das Gesicht.

Auch mit dieser Übung können Sie sich selbst einen Gefallen tun, wenn Sie schlafen gehen.

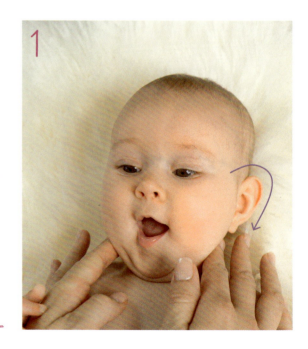

SPIELE FÜR GESICHT UND RÜCKEN

DER NASENKNOPF

Nehmen Sie die Hand des Babys in Ihre Hand und helfen Sie ihm, mit dem Zeigefinger auf Ihre Nase zu drücken. Jetzt geben Sie einen Laut von sich. Mööp Mööp – zum Beispiel. Immer wieder und immer wieder, wenn das Baby die Nase berührt. Lustig ist es auch, wenn mehrere Personen anwesend sind und das Baby jeden Nasenknopf drücken darf und überall verschiedene Laute zu hören sind. Hup hup, ääääääää ääääääää, bim bim, tröööt tröööt ...

GEHT EIN MANN

Geht ein Mann die Treppe rauf,
Mit zwei Fingern den Arm hinauflaufen.

Klingelingeling, klopfet an,
Zart auf die Stirn klopfen.

Guten Tag, Herr / Frau Hampelmann.
Die Nase fassen und leicht schütteln.

WO WOHNT DER SCHNEIDER?

»Wo wohnt der Schneider?« – »Ein Treppchen höher.«

Das Kind sitzt auf dem Schoß. Die Hand des Erwachsenen krabbelt ein kleines Stück von der Hand des Kindes auf den Arm, bleibt stehen und fragt noch einmal:

»Wo wohnt der Schneider?«

Der Erwachsene lässt die Hand ein Stück weiter krabbeln, fragt immer wieder, erhält Antwort, krabbelt weiter ..., bis die Krabbelhand oben auf der Schulter angelangt ist. Dann fragt die Krabbelhand:

»Soll ich klingeln oder klopfen?«

Das Kind antwortet oder ältere Kinder antworten für das Baby. Die Hand zieht entweder den Klingelzug am Ohr oder klopft sachte auf die Stirn, mit den Worten:

»Da wohnt der Schneider.«

Das große Hallo über den gefundenen Schneider bezieht sich natürlich auf das Baby oder Kind auf dem Schoß.

MEIN MUND

Mein Mund kann singen.
Lalala.

Mein Mund kann pusten.
Pusten.

Mein Mund kann schnalzen.
Schnalzen.

Mein Mund kann kauen.
Schmatz, schmatz.

Mein Mund kann beißen.
Schnapp, schnapp.

Mein Mund kann lachen.
Hahaha.

Und mein Mund kann küssen .
Schmatz – schmatz.

PIZZAMASSAGE

Die Pizzamassage ist ein herrlich leckeres Fantasiespiel für Babys ab sechs Monaten. Auch ältere Geschwister haben viel Spaß an dieser Massage.

Ich mach dir eine Pizza!
Erst mal alle Teigzutaten verteilen,
Dann kneten und flach drücken,
Noch mal kneten.

Jetzt kommt das Sugo drauf,
Danach der Belag.

Womit wollen wir die Pizza belegen?
Salami, Käse,
Oliven, Paprika …

Und jetzt schiebe ich die Pizza
In den Ofen.
Dort wirds ganz heiß.
Nun ist sie fertig.
Und ich schneide sie in Stücke
Mhm, schmeckt die gut!

Den Rücken des Kindes massieren,
leicht kneten, warm rubbeln …

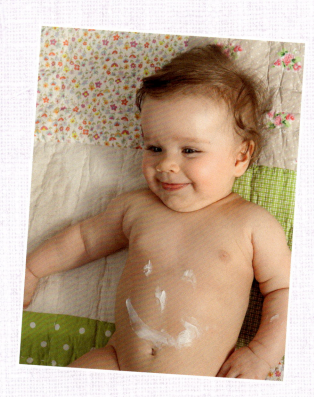

AMEISEN FAHREN SKI

Ihre Finger sind die Ameisen, der Rücken des Kindes die Piste. Erzählen Sie:

Da wollen viele Ameisen zum Skifahren gehen. Die laufen erst mal den Berg rauf Und fahren dann runter, dann fahren sie mit dem Lift auf den Berg und die eine will Slalom hinunterfahren. Jetzt ist der Schnee nicht mehr so schön. Da kommt die Schneewalze und macht alles wieder glatt! Und nun können die Ameisen wieder Ski fahren.

PINSELCHEN

*Fünf kleine Pinsel hab ich in der Hand.
Sie kommen aus dem
Kunterbunten Farbenland.
Der erste malt dir einen Mund,
Der zweite malt die Nase bunt,
Der dritte zieht zwei große Kreise,
Der vierte malt ganz still und leise
In deinem Gesicht herum,
Der fünfte findet das ganz dumm,
Drum – Oh Schreck
Wäscht er alles wieder weg!*

RITUAL ZUM EINCREMEN

Pünktchen, Pünktchen,
Komma, Strich,
fertig ist das Mondgesicht.

In dieser Haltung gelingt die Rückenmassage am besten. Die Füße des Babys sind in der Luft.

Rückenmassagen

Setzen Sie sich für die Rückenmassage beispielsweise mit einer Decke auf den Boden und lehnen Sie sich möglichst bequem an. Legen Sie Ihre Beine gestreckt übereinander. So kann Ihr Baby mit seinem Oberkörper auf Ihren Beinen etwas erhöht liegen. Die Rückenmuskulatur Ihres Babys wird dadurch entspannt, da es seinen Oberkörper in der Schräglage nicht aufzurichten braucht, um etwas sehen zu können. Angespannte Muskeln sind weniger empfindsam für Berührung. Ein Handtuch über Ihren Beinen verhindert, dass eine Vertiefung zwischen Ihren Beinen entsteht und der Rücken Ihres Babys durchhängt. Legen Sie Ihr Baby bequem quer auf Ihren Beinen ab. Wenn die Füße keinen Kontakt zur Unterlage haben, wird es keinen Reiz bekommen, Schreitbewegungen zu machen.

Ausgangsposition

Zu Beginn jeder Rückenmassage ruhen Ihre Hände quer zur Wirbelsäule parallel auf dem Rücken oberhalb des Pos. Geben Sie Ihrem Baby Zeit, sich auf die Massage einzustellen.

VOR- UND ZURÜCKSTREICHEN

Wirkt anregend und die Körperwahrnehmung wird stimuliert. Mit diesem Griff überqueren Sie immer die Körpermitte, deshalb fördert er auch das Zusammenspiel der beiden Gehirnhälften.

› Nehmen sie die Ausgangsposition ein.
› Eine der am Po ruhenden Hände bewegt sich nun vor, in Richtung Hüfte Ihres Babys, die andere Hand zurück zur anderen Hüfte. 1
› Wiederholen Sie dieses Streichen gegeneinander.
› Bewegen Sie die Hände dabei langsam in Richtung der Schultern.
› Von den Schultern geht die Bewegung wieder fließend zurück in Richtung Po.
› Machen Sie einige Wiederholungen und beenden diese Bewegung am Gesäß.

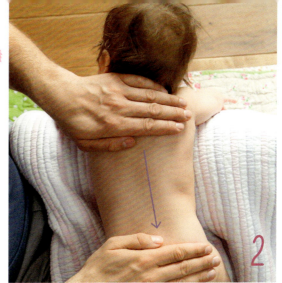

RÜCKEN AUSSTREICHEN

Wirkt entspannend.
› Eine Hand ruht auf dem Po.
› Die andere Hand streicht vom Nacken aus über den Rücken zur Hand am Po. 2
› Führen Sie die Hand zurück zur Schulter und wiederholen Sie diese Bewegung.
› Beenden Sie Ihre Massage, wenn beide Hände am Gesäß ruhen oder setzen Sie die Massage mit dem erweiterten Ausstreichen fort.

ERWEITERTES AUSSTREICHEN

Entspannt und regt die Körperwahrnehmung an.
› Nehmen Sie die zuvor ruhende Hand vom Gesäß zu den Fußgelenken Ihres Babys und unterstützen Sie dort mit einem Finger zwischen den Knöcheln so, dass diese nicht aufeinanderstoßen.
› Machen Sie die Beinbewegungen Ihres Babys mit.
› Nehmen Sie nun die andere Hand vom Po und streichen Sie über die Beine bis zu den Füßen hin.

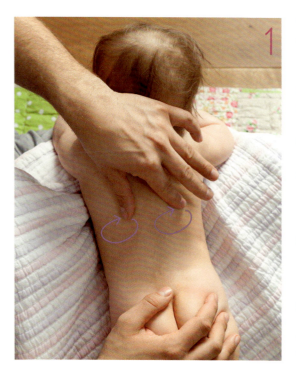

 KLEINE KREISE AUF DEM RÜCKEN

Lockert die Muskulatur.
› Legen Sie die Hände nacheinander auf den Rücken Ihres Babys oberhalb des Pos.
› Machen Sie kleine kreisende Bewegungen in Richtung der Schultern und wieder zurück.
› Achten Sie darauf, neben der Wirbelsäule und symmetrisch auf beiden Seiten des Rückens zu kreisen. So helfen Sie Ihrem Baby, seine Körperwahrnehmung für beide Körperhälften zu sensibilisieren.
› Alternativ können Sie die Kreise auch mit einer leicht gespreizten, entspannten Hand über beide Seiten gleichzeitig machen. Die andere Hand ruht dabei am Po. 1
› Vermeiden Sie direkten Druck auf die Wirbelsäule.

 RUHIGES STREICHEN

Wirkt entspannend, lädt zum Nachspüren, Ausruhen und Genießen ein.
› Ihre Hände liegen quer nebeneinander auf dem Rücken des Babys. Wenn Sie sich Ihr Baby auf Ihren Bauch legen und Ihr Kind dabei halten, sind die Hände ganz automatisch in der richtigen Position.
› Die obere Hand bleibt an der Schulter liegen und die untere streicht mehrmals in Richtung Po.
› Verlangsamen Sie allmählich das Tempo, bis auch die zweite Hand ruhig auf dem Rücken oder Po des Kindes liegen bleibt.
› Zeit für ein paar entspannende Atemzüge für Sie. Manche Babys schlafen dabei sogar ein – vielleicht auch Sie beide – genießen Sie es!

WAS LÖST DIE MASSAGE AUS?

Babys sind sehr individuell. Einige entspannen völlig oder schlafen sogar ein und manche werden durch diese Massage erst richtig munter. Sie möchten sich nach der Massage bewegen und ihre Umgebung erkunden. Lassen Sie sich von den Einfällen Ihres Babys einfach überraschen. Oder singen Sie ein Streichellied. Besonders ältere Babys genießen die Massage länger, wenn sie durch Lieder oder Verse zusätzliche Anregungen erhalten.

Mit sanften Übungen die Entwicklung fördern

Die sanften Übungen machen Spaß und können in verschiedene Spielchen eingebunden werden. Sie können mit Ihrem Baby Rituale entwickeln, die Ihnen beiden gefallen. Geben Sie Ihrem Baby Zeit, sich langsam an die Bewegungen und Haltungen zu gewöhnen, bevor Sie etwas Neues anbieten. Halten Sie Blickkontakt. Beobachten Sie, wie Ihr Baby reagiert. Seien Sie flexibel bei der Massage. Was Ihrem Baby heute gefällt, kann morgen schon ganz anders empfunden werden.

Wie wirken die sanften Übungen

Die sanften Übungen sind Ganzkörperbewegungen, bei denen die Arme und Beine Ihres Babys über der Körpermitte aufeinander zu bewegt werden. Das Baby hat damit die Möglichkeit, seinen Körper zu spüren. Die Bewegungen werden dann über die Körpermitte weitergeführt, sodass die Arme und Beine diagonal verschränkt werden. Das regt Koordination, Beweglichkeit und gleichzeitig die geistige Entwicklung an, weil die rechte Hirnhälfte die linke Körperseite steuert und umgekehrt. Die Überkreuzbewegungen bahnen Verbindungen im Gehirn, die nicht nur aufs Krabbeln und Fortbewegen vorbereiten, sondern generell die Lernfähigkeit fördern. Ihr Kind lernt so viel leichter. Babys stellen sich nach einiger Zeit bewusst auf die Bewegungen ein und wissen schon bald, welche Haltung als Nächstes kommt. Durch die diagonalen Bewegungen über die Körpermitte werden die beiden Hirnhälften miteinander verknüpft.

AUSBLICK AUF DIE WEITERE ENTWICKLUNG

Diese Art der Überkreuzbewegungen behalten weit über die Babyzeit hinaus ihre Bedeutung. Zwar legen wir jetzt damit die Grundlage für Verknüpfungen im Gehirn. Bei späteren Entwicklungsschritten Ihres Kindes ist dies immer wieder ausbaufähig und hilft, die anstehende Lernaufgabe zu meistern. Krabbelt oder läuft Ihr Kind erst selbst, wird es diese Überkreuzbewegung wie selbstverständlich von selbst ausführen. Im Vorschul- und Grundschulalter können Sie es mit alten Kinderspielen unterstützen, wie zum Beispiel mit Klatschespielen, Gummitwist oder ähnlichem. Unabhängig von den Körperübungen, haben auch alle Massagebewegungen, bei denen die Körpermitte überkreuzt wird, diesen lernfördernden Effekt, wie Vor- und Zurückstreichen auf dem Rücken auf Seite 117 und Schmetterling auf der Brust auf den Seiten 97 und 98. Versuchen Sie aber nichts zu erzwingen. Ihr Kind entwickelt sich in seinem eigenen Tempo und muss spüren dürfen, dass Sie ihm vertrauen.

BEHUTSAMKEIT UND VERTRAUEN

Dehnen oder bewegen Sie bei der Massage und besonders bei den sanften Übungen Arme und Beine nur so weit, wie es das Baby zulässt. Beobachten Sie Ihr Baby genau und vermeiden Sie unangenehme Berührungen. Hat Ihr Baby erst einmal Vertrauen gefasst, dass Massage etwas Angenehmes ist, wird es ihm immer leichter fallen, sich zu entspannen. Sind die sanften Übungen erst einmal vertraut, darf es bei vielen Babys auch temperamentvoller zugehen.

KLEINES UND GROSSES PAKET

Dehnt die Brustmuskulatur und vertieft die Atmung. Verbindet durch die Bewegung über die Körpermitte die beiden Hirnhälften miteinander.

› Legen Sie Ihr Baby auf den Rücken und dieses Mal braucht Ihr Baby viel Platz, um Arme und Beine ausstrecken zu können.
› Nehmen Sie spielerisch Kontakt zu den Händen Ihres Kindes auf.
› Wenn Ihr Baby nach Ihren Händen greift, führen Sie sie zusammen und greifen dabei so um, dass Ihre Hände die Bewegung an den Unterarmen des Babys nahe beim Handgelenk führen. Die Fingerchen haben auf diese Weise die Möglichkeit, den eigenen Körper zu ertasten. 1
› Lassen Sie dem Baby dabei Zeit zum Wahrnehmen.

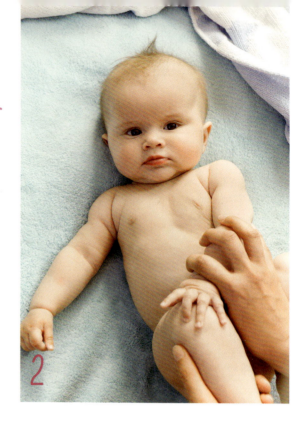

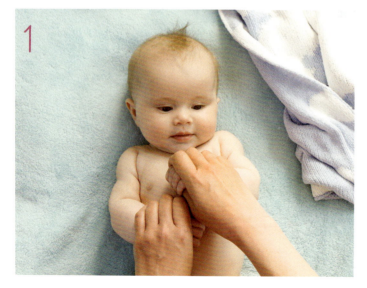

› Kreuzen Sie nun die Arme vor der Brust: »Das Paket wird ganz klein«.
› Wechseln Sie anschließend die Position der Arme so, dass das Ärmchen, das vorher oben lag, anschließend unter dem anderen Arm liegt. Das fühlt sich ganz anders an als zuvor.
› Geben Sie dem Baby wieder Zeit zum Wahrnehmen. Wiederholen Sie diesen Wechsel noch einmal.
› Führen Sie beide Arme gleichzeitig weit auseinander: »Das Paket wird wieder so groß.«

 ## ARME UND BEINE KREUZEN

Richtet das Gleichgewicht der Wirbelsäule aus. Regt die Koordination von Hand und Fuß und die eigene Körperwahrnehmung an.

ANLEITUNGEN ZUR MASSAGE

› Greifen Sie mit einer Hand zum Unterschenkel der gleichen Körperseite.
› Führen Sie nun dieses Bein mit dem Arm der anderen Körperseite über der Körpermitte zusammen. Geben Sie Zeit für den Hand-Bein-Kontakt. 2
› Führen Sie die Bewegung weiter, bis das Bein an der Brust liegt und der Arm am Oberschenkel diagonal verschränkt ist.

› Geben Sie Zeit zum Wahrnehmen. Nun wechseln Sie so, dass einmal das Bein und einmal der Arm oberhalb liegen.
› Dann strecken Sie Arm und Bein wieder in die Ausgangsposition und dehnen auf diese Weise diagonal: »So groß bist du«. 3
› Die Hand am Bein greift zu dem Arm auf derselben Körperseite.
› Die Hand an der Hand greift zum Unterschenkel derselben Körperseite. Der fließende Wechsel erfolgt so, dass immer Körperkontakt bestehen bleibt.
› Wiederholen Sie den beschriebenen Ablauf mit dem anderen Bein und der anderen Hand. Geben Sie jedes Mal Zeit für Hand-Bein-Kontakt und zum Wahrnehmen der Bewegungen.
› Führen Sie die Bewegung weiter, bis das Bein an der Brust liegt und der Arm am Oberschenkel diagonal verschränkt ist.

BEINE ZUM BAUCH

Lässt Winde abgehen, beugt also Blähungen vor und streckt die untere Wirbelsäule.
› Halten Sie beide Beine Ihres Babys an den Unterschenkeln.
› Achten Sie auf den passenden Abstand der beiden Knie voneinander, damit die Hüftgelenke in einer guten Position bleiben. Führen Sie beide Knie zum Bauch (Bild siehe Seite 124).
› Halten Sie dort kurz die Position und führen Sie dann die Beine zurück in die Streckung.
› Wiederholen Sie diese Bewegung, wenn Sie möchten, mit einem Spruch.
› Die gleiche Bewegung machen Sie nun mit beiden Beinchen nacheinander.

HEILENDE UNTERSTÜTZUNG DURCH MASSAGEN

Ihr Kind fühlt sich nicht wohl oder es ist krank?
Hier finden Sie Hilfen bei Beschwerden,
damit Sie Ihr Baby auch in Ausnahmesituationen
einfühlsam begleiten können.

ZUWENDUNG DURCH BERÜHRUNG

Bei Krankheit, Unwohlsein oder Entwicklungsstörungen ist die Ausgangssituation für eine Massage anders als beim gesunden Kind. Aber die Aufmerksamkeit und Zuwendung durch die Massage kann gerade in diesen Situationen heilsam sein und die Entwicklung fördern. Kindern, die krank sind oder besondere Bedürfnisse haben, tut die liebevolle Berührung und die ihr innewohnende Aufmerksamkeit ganz besonders gut. Die Massage kann beim Heilungsprozess, aber auch begleitend bei der Therapie, im Schmerz oder in der Trauer von elementarer Bedeutung sein. Am wichtigsten sind zuerst Halten, Tragen, in eine Decke wickeln, um Nähe, Geborgenheit und Schutz zu bieten.

Möglichkeiten und Grenzen der Massage

Ist Ihr Baby krank, wird es Ihre Berührungen ganz besonders brauchen und schätzen, denn der kleine Körper ist geschwächt und sein Immunsystem läuft auf Hochtouren. Da ist es sehr angenehm, wenn Sie Ihr Kind einfach nah bei sich haben, es streicheln oder halten. Es geht dabei nicht um die Durchführung von Massagegriffen.
Passen Sie die Babymassage an Ihr Kind und seine besonderen Bedürfnisse an. Sie haben die beste Beobachtungsgabe für Ihr Baby und verbringen wahrscheinlich die meiste Zeit mit ihm. Sie als Eltern sind die Experten für Ihr Baby. Sie kennen am besten seine Bedürfnisse, seine Vorlieben und Abneigungen. Sie wissen, wie es sich trösten lässt oder wie es am besten einschlafen kann.

Alles, was Sie aus einer liebevollen, respektvollen Haltung heraus tun, wird Ihr Kind heilsam unterstützen.

Rein technisch angewandte Griffe können hingegen das Dilemma des Kindes eher noch verschärfen. Ihr Kind hat dafür feine Wahrnehmungsantennen.

Verlangen Sie von sich selbst keine Opfer

Liebevolle Haltung bedeutet auch, liebevoll zu sich selbst zu sein. Haben Sie das Gefühl, dass das Leiden des Babys Sie zu sehr mitnimmt, dann holen Sie die Hilfe eines Außenstehenden, dem Sie vertrauen. In so einer Situation kann man die Befindlichkeit des Kindes nicht klar von der eigenen Besorgnis abgrenzen. Es ist ganz normal, dass Sie hier möglicherweise an eine Grenze stoßen. Eine gute Freundin oder jemand, dem Sie sehr vertrauen, kann dazu beitragen, dass Sie Ihre eigene Balance wiederfinden, sodass Sie mit etwas Abstand besser wahrnehmen können, was Ihr Baby braucht.

Suchen Sie ärztlichen Rat

Die hier angeführten Hilfen bei Beschwerden sollen Sie dabei unterstützen, Ausnahmesituationen einfühlsam zu begleiten. Sie ersetzen keine Therapie oder ärztliche Abklärung. Vertrauen Sie auch hier wieder auf Ihr Bauchgefühl. Sind Sie sich über die Beschwerden Ihres Babys unsicher oder bewährte Hausmittel, einschließlich der hier aufgeführten Anregungen, helfen nicht, dann scheuen Sie nicht den Weg zum Kinderarzt.

> ### ENTSCHLEUNIGUNG UND RUHE
> Weniger ist oft mehr. Ruhe, Zeit, Körperkontakt und Verständnis für die besondere Situation helfen Ihrem Baby, seine Krankheit oder sein Unwohlsein leichter zu überwinden.
> Schaffen Sie für sich und Ihr Baby eine Atmosphäre der Ruhe, der Sicherheit und Würde. Respektieren Sie seine Bedürfnisse. Ruhe und Entschleunigung erleichtern Ihnen den Zugang zu Ihrem Bauchgefühl. Vertrauen Sie darauf.

Was ist Berührungsentspannung?

Auch ein Baby kann schon lernen zu entspannen. Die Fähigkeit zu entspannen, ist in herausfordernden Situationen sehr hilfreich für Sie und Ihr Baby. Sie können Ihrem Baby helfen, wenn es schlecht geträumt oder Angst hat, wenn es Schmerzen hat oder weint oder sonst irgendwie aus dem Gleichgewicht gekommen ist.

Koliken oder Blähungen können mit der Berührungsentspannung gelindert werden.

Die Berührungsentspannung ist für viele Babys lange Zeit die geeignete Massagetechnik, um ein Kind nicht zu sehr zu stimulieren. So zum Beispiel bei Frühgeborenen, kranken Babys und bei Babys, die besondere Bedürfnisse haben. Die Berührungsentspannung ist eine Entspannungstechnik, die auch größeren Kindern und Erwachsenen hilft, sich zu entspannen und zu beruhigen.

BERÜHRUNGSENTSPANNUNG

› Wählen Sie zum Erlernen der Berührungsentspannung eine Situation, in der Ihr Baby weniger aktiv ist und entspannen kann. Bringen Sie Ihr Baby in eine Wohlfühlposition.
› Geben Sie einer Körperregion, zum Beispiel dem Unterschenkel, mit einer Hand Halt. So kann Ihr Baby leichter loslassen. 1
› Ihre andere Hand kann am Oberschenkel des gleichen Beines ruhen oder ebenfalls am Unterschenkel.
› Sagen Sie zu Ihrem Baby: »Lass einfach mal los.« Oder: »Schön locker lassen.«
› Gleichzeitig machen Sie mit der ruhenden Hand sehr langsame, rhythmische Bewegungen auf der Stelle, indem Sie mit Ihrer Hand an dem Oberschenkel sanft drücken und den Druck wieder lösen.
› Wiederholen Sie diese Berührung mehrmals.
› Wenn Sie bemerken, dass Ihr Baby mit Entspannung reagiert, loben Sie Ihr Baby, freuen Sie sich mit ihm, dass sich das Bein nun entspannt anfühlt.
› Diese Form der Entspannung können Sie auch an allen anderen Körperteilen anwenden.

Das »Ritual« braucht einige Wiederholungen, bevor Ihr Baby »gelernt« hat, wie es entspannen kann. Danach wird es jedes Mal entspannen, sobald Sie die Berührungsentspannung mit ihm durchführen.

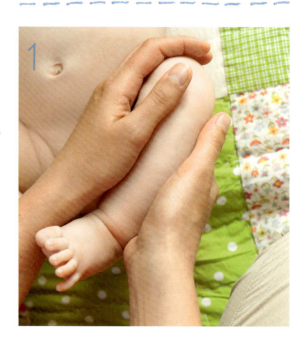

Berührungsempfindlichkeit

Berührungen werden individuell sehr verschieden empfunden. Ab Seite 27 können Sie sich über die Berührungsqualitäten informieren. Probieren Sie aus, was auf Ihr Baby tatsächlich zutrifft.

Ursachen für Berührungsempfindlichkeit

Führt dies alles nicht zum Ziel, können länger zurückliegende Schmerzen oder Verletzungen, an die das Baby bei der Berührung erinnert wird, die Ursache für eine Berührungsempfindlichkeit sein. Das können Erinnerungen an die Geburt oder auch an Unfälle oder medizinische Behandlungen sein. Babys, die intensivmedizinisch versorgt wurden, haben häufig negative Berührungserfahrungen gemacht. Sie können durch die Massage Berührungen auf eine neue angenehme Weise kennenlernen.

HEILENDE BERÜHRUNGEN

› Berühren Sie Ihr Baby zuerst dort, wo es wenige oder keine negativen Berührungserfahrungen gemacht hat. Für den Anfang ist der Rücken oft am besten geeignet.
› Ihre ruhenden Hände und die Berührungsentspannung sind zu Beginn genug Stimulation.
› Wenden Sie an dieser Körperregion vorerst keine anderen Massagegriffe an, dann kann die Massage eine Wohlfühlzeit für Sie und Ihr Baby werden – ohne Erwartungen, Befunde oder therapeutische Ziele. Durch die vielen schönen Momente miteinander wachsen Ihre elterlichen Kompetenzen. Die beste Motivation ist die positive Reaktion Ihres Babys auf die liebevolle Berührung und die respektvolle Kommunikation. So können Sie die Beziehung zu Ihrem Kind stärken.

Kummer und Schmerz

Fängt Ihr Baby während der Massage an zu weinen und schaut Sie intensiv an, dann will es Ihnen sagen, dass ihm jetzt etwas nicht guttut oder ein anderes Bedürfnis gerade dringender ist. Ihr Bauchgefühl wird Sie dazu führen, was jetzt am besten zu tun ist. Probieren Sie aus, was Ihr Baby jetzt braucht. Auf Ihre Fragen, wie etwa: »Hast du Hunger?« Oder: »Hast Du genug Massage?« Oder: »Tut dir dieser Griff nicht gut? Ist es so besser …?«, wird es mit seinen Körpersignalen antworten (Übersicht siehe Seite 20).

WARUM WEINT DAS BABY?

Viele Babys fangen an zu weinen, wenn wir ihnen eine Mütze aufsetzen oder die Kleidung über den Kopf anziehen. Diese Situation erinnert auffallend an die Geburt. Sie können Ihrem Kind helfen, diesen Schmerz zu überwinden, indem Sie sein Köpfchen in die Hände nehmen, Berührungsentspannung anwenden und ihm zuhören.

Umschließen und Zuhören

Wenn Sie Ihr Kind dagegen aus seinem Kummer nicht herausholen können und es keinen Blickkontakt sucht und nichts zu helfen scheint, ist die Wahrscheinlichkeit hoch, dass es sich gerade von einem länger zurückliegenden Kummer oder Schmerz befreit. Halten Sie mit der Massage inne, umschließen Sie Ihr Baby liebevoll und hören ihm zu. Keine Angst, Sie haben in diesem Fall mit der Massage nichts falsch gemacht. Im Gegenteil.

Direkter Hautkontakt stillt das Bedürfnis des Babys nach Nähe und Zuwendung.

Durch die Geborgenheit und das Wohlgefühl bei der Massage kann Ihr Baby genügend Vertrauen und Mut aufbauen, um sich zu öffnen.

Wenn Ihr Baby weint, wenden Sie Berührungsentspannung an und sagen Sie dem Baby, dass es seine Schmerzen jetzt loslassen kann. Vielleicht erzählt es in geschützter Umgebung noch öfter, bis es sich vollständig entlastet hat. Bei regelmäßigem Zuhören werden Sie feststellen, dass diese Art zu weinen mit der Zeit weniger heftig und seltener wird.

Desorientierung

Unter Desorientierung leiden besonders sehr junge Säuglinge. Gewohnt an die enge Umhüllung im Mutterleib, sind sie durch die Weite, die sie nach der Geburt erleben, sehr irritiert. Auch können größere Babys durch irgendwelche Ereignisse durcheinandergebracht sein, sodass sie ihr inneres Gleichgewicht nicht wiederfinden. Sie blicken unruhig umher, halten keinen Blickkontakt, fuchteln wild mit Armen und Beinen oder bekommen häufig Schluckauf. Hier sind Sie als Eltern gefragt, Ihr Kind vor zu vielen äußeren Reizen zu schützen und ihm Halt und Orientierung zu geben.
Eine Massage kann hier leicht zu viel Stimulation bedeuten. Deshalb beschränken Sie sich vorwiegend auf umschließende Haltungen. Hat Ihr Kind erst die Stresstoleranz entwickelt, dass es Massage zulässt, führen Sie die Griffe betont langsam aus und machen Sie viele Wiederholungen, bevor Sie die Grifftechnik wechseln.

👣 HALTEN BEI DESORIENTIERUNG

Versuchen Sie Ihrem Kind festen Halt zu geben, indem Sie
> es pucken, also fest in eine Babydecke einhüllen,
> seine Hände und/oder Füße zusammenführen und Ihre Hände darauf ruhen lassen oder
> es leicht wiegen oder schaukeln oder
> das Baby auf Ihren Körper legen, umschließend halten und ruhig in den Bauch atmen. 1

Ihr ruhiger gleichmäßiger Atem wird dem Baby Halt und Orientierung geben, und auch Sie werden in dieser aufreibenden Situation viel besser zur Ruhe kommen können.

1

Unruhe

Ein gewisses Maß an Unruhe ist besonders bei neugeborenen Babys normal. Es dauert einfach seine Zeit, bis sich Lebens- und Stillrhythmus einspielen.

Kommen Sie selbst zur Ruhe und schenken Sie ungeteilte Aufmerksamkeit.

Wenn Ihr Kind im engen Körperkontakt Ihren entspannten, gleichmäßigen Atem spürt, hat es das Gefühl, dass es sich an Sie anlehnen kann und körperlichen wie seelischen Halt erfährt.

Berührung, Ruhe und Schutz sind hilfreich

Auch die ruhenden Hände auf dem Bauch helfen dem Baby ins Gleichgewicht zu kommen. Die Berührungsentspannung ist eine weitere Möglichkeit, Ihrem Baby beim Entspannen zu helfen. Alle Dinge, die einem desorientierten Baby (siehe oben) helfen, können auch einem Baby, das aus anderen Gründen unruhig ist, helfen.
Schützen Sie Ihr Baby vor Reizüberflutung und probieren Sie mit einem regelmäßigen Massageritual, Ihren Alltag haltgebend zu strukturieren.

Beruhigende Massage

Massagegriffe, die vom Körper wegführen, wie beispielsweise das indische Streichen oder das Ausstreichen des Rückens, wirken entspannend und beruhigend. Manchen Babys hilft auch Stirn und Augenbrauen auszustreichen.

Unwohlsein und Krankheit

Unwohlsein bei Babys kann verschiedene Ursachen haben. Auf die gängigsten gehen wir hier ein.

Erbrechen

Babys, die häufig erbrechen, sind oft sehr empfindsame Naturen, die eben nicht so viel auf einmal verdauen können. Für solche Babys ist Reizabschirmung und Rhythmus besonders wichtig. Massagen in regelmäßigem Rhythmus können helfen, das unreife Nerven- und Verdauungssystem des Babys zu stabilisieren. Massieren Sie nicht direkt nach, sondern zwischen den Mahlzeiten und nur im ruhigen und aufmerksamen Zustand. Achten Sie besonders auf Rückzugssignale, sodass Sie nur so viel an Anregung geben, wie das Kind auch »verträgt«. Konsultieren sie einen Arzt, wenn das Erbrechen über das harmlose Spucken hinaus geht.

> **HARMLOSES SPUCKEN**
>
> Wichtig ist harmloses Spucken, bei dem sich die Kinder ansonsten normal entwickeln, von krampfhaftem Erbrechen zu unterscheiden. Im ersten Fall kann es helfen, häufiger kleinere Mahlzeiten zu geben. Auch kann es hilfreich sein, Überreizungen zu vermeiden und für einen ruhigen Tagesablauf zu sorgen. Erbricht Ihr Kind dagegen krampfhaft, klären Sie das ärztlich ab. Erbricht es große Mengen, sodass es viel Flüssigkeit verliert, ist ebenfalls ärztliche Hilfe nötig.

Erkältung

Im Erkältungsfall, besonders zu Beginn einer Erkältung, ist es wichtig, den Wärmehaushalt des Kindes zu unterstützen. Eine durchblutungsfördernde Rückenmassage, Brustmassage oder auch Fußmassage kann die Selbstheilungskräfte gut anregen. Entkleiden Sie zur Massage nur die Körperteile, die gerade massiert werden, damit Ihr Kind nicht unnötig auskühlt. Ist die Nase verstopft, kann die Gesichtsmassage »Nasendreieck« oder die Massage »Stirn und Augenbrauen ausstreichen« Erleichterung schaffen. Die Anleitungen finden Sie auf den Seiten 110 und 111. Auch bei Erkältung im Säuglingsalter ist ärztliche Abklärung wichtig.

Verwenden Sie
für die Massage bei Erkältungen
keine scharfen ätherischen Öle.
Bewährt hat sich dagegen das
wärmefördernde Malvenöl.

Bei starker Verschleimung kann eine Brustmassage auf mechanischem Wege zur Vertiefung der Atmung beitragen. Brustmassagen finden Sie ab Seite 96.

WAS TUN BEI FIEBER?

Hat Ihr Kind Fieber, arbeitet das Abwehrsystem schon auf Hochtouren und die Selbstheilung ist bereits in vollem Gange. Eine Massage würde diesen Prozess nur stören. Ist Ihr Kind dabei sehr unruhig, geben Sie ihm Ihre Nähe, schirmen Sie es von überflüssigen Reizen ab und überreizen Sie es nicht zusätzlich mit Massage.

Muskelverspannung

Bei Muskelverspannungen helfen die Berührungsentspannung und umschließendes Halten. Außerdem sind alle Massagegriffe, die vom Körper wegführen, wie beim indischen Streichen von Seite 84 und 99, entspannend. Achten Sie auf die Reaktionen Ihres Babys, sie zeigen am besten, wobei es entspannen kann. Orthopädisch bedingte Muskelverspannungen klären Sie besser bei Ihrem Kinderarzt ab. Wohltuende Streichmassagen und respektvolle Berührungen können jedoch auch eine osteopathische oder physiotherapeutische Behandlung wirkungsvoll unterstützen und hilfreich sein.

Der Durchbruch der Zähne wird von einem Reifeschritt in der Gehirnentwicklung begleitet. Aus diesem Grund sind Babys in der Zahnungszeit extrem reizempfindlich.

Zahnen

Zahnende Babys haben das verstärkte Bedürfnis, auf etwas Hartem herumzukauen, weil es Schmerz und Missempfindungen beim Durchbruch der Zähne lindert. Die Gesichtsmassage »Lächeln« auf Ober- und Unterlippe kann mit angepasstem Druck ebenso hilfreich sein. Manche Babys beginnen dann auch auf ihrem Finger zu kauen – ein Zeichen, dass es ihnen gut tut.
Kreise auf dem Kiefergelenk oder eine sanfte Vibrationsmassage in dem Bereich hilft Babys, die dazu neigen, die Kiefer fest zusammenzupressen.

Weil zahnende Babys so empfindlich sind, prüfen Sie genau, ob und welche Art der Massage gerade hilfreich ist. Umschließende Haltungen, Tragen, in den Arm nehmen – eben ganz viel ruhige Körpernähe hilft Babys durch diese anstrengende Zeit. Die beruhigende Massage »Gemaltes Lächeln« finden Sie auf Seite 111.

Schreien und Stillen

Es kann auch sein, dass Ihr Kind in schwierigen Zeiten oder bei Stress häufiger gestillt werden möchte, denn Stillen beinhaltet:
› Trost, Nähe und umschließendes Halten,
› Spannungsabbau durch das Saugen,
› die Aufnahme schmerzlindernder und entzündungshemmender Substanzen aus der Muttermilch.
› Stärkung des Immunsystems, wodurch Infektionen besser überwunden werden können.

SCHREIZEITEN MEISTERN

Besonders in den Abendstunden neigen manche Babys regelmäßig zu Unruhe und Weinen. Es ist meist auch die turbulenteste Tageszeit im Familienalltag. Bieten Sie Ihrem Baby ein bis zwei Stunden vorher eine Massage an. Viele Eltern berichten, dass dann die abendliche Unruhe weniger heftig ausfällt und sie auch selber die stressige Abendzeit mit mehr Gelassenheit bewältigen, weil sie gleichermaßen schon vorentspannt sind.

WENN SIE DIE FLASCHE GEBEN

Schwierige Zeiten können jedoch auch ohne zu stillen gemeistert werden. Wenn Sie die Flasche geben, müssen Sie das Baby nur aufmerksamer beobachten, weil das Fläschchen allein nicht so umfassend wirkt wie das Stillen. Schauen Sie genau, was Ihrem Baby wirklich fehlt, um ihm helfen zu können. Babymassage ist ein »Bonbon« aus dem Gesamtpaket der Auswirkungen des Stillens, das Ihnen in schwierigen Zeiten helfen kann, gerade wenn Sie nicht stillen.

Koliken begegnen

Blähungen und Koliken sind besonders in den ersten Lebenswochen ein Problem. Das noch unreife Nerven- und Verdauungssystem hat oft Schwierigkeiten, neben der Nahrung viele Umweltreize zu verdauen. Durch viel hautnahen Körperkontakt und Massagen fördern Sie Nervenreifung und Stresstoleranz Ihres Babys. Ein geregelter Tagesablauf und Reizabschirmung geben Halt und Schutz.

SCHREIEN UND BLÄHUNGEN

Auf das Weinen des Babys möglichst zeitnah zu reagieren beugt Blähungen vor. Denn Ihr Kind schluckt beim langen Schreien viel Luft, die in Form von Blähungen wieder abgeht. So entsteht Schmerz, der zu erneutem Weinen führt – ein Teufelskreis. Reagieren Sie dagegen auf das Weinen sofort, können Sie verhindern, dass es zu erneuten Blähungen kommt. Tragen Sie Ihr Kind viel am Körper. Die Wärme, Nähe und Ihre eigene Körperbewegung wirken dabei auch wie Massage.

Zur Vorbereitung der Kolikmassage

Die Kolikmassage, die aus Sequenzen der Bauchmassage besteht, nimmt wenig Zeit in Anspruch. Regelmäßig, zu festen Zeiten angewendet und in genau festgelegter Griffreihenfolge gibt sie dem Alltag Struktur, dem Kind Halt und nimmt ihm die Furcht vor Unerwartetem. Viele Eltern berichten, dass die Darmtätigkeit angeregt wird, dass Blähungen abgehen, und ihr Baby weniger weint. Allerdings nur dann, wenn die Kolikmassage regelmäßig gemacht wird. Es ist sinnvoll, einen Zeitpunkt zu wählen, zu dem Ihr Baby keine Blähungen hat. Aber auch im Akutfall können Sie versuchen, Ihrem Kind mit einer Kolikmassage zu helfen.

 VORBEREITUNG KOLIKMASSAGE

› Kommen Sie zur Ruhe, nutzen Sie eine geeignete Möglichkeit für sich, zu entspannen, sich abzugrenzen, vom Schmerz, Schreien und Stress Ihres Babys.
› Informieren Sie Ihr Kind vor der Massage, damit es nicht erschrickt.
› Sagen Sie Ihrem Baby, dass Sie verstehen, dass es ihm nicht gut geht und dass Sie versuchen, ihm mit der Massage zu helfen. Beobachten Sie die Reaktionen genau. Manche Babys reagieren auch in dieser extremen Schrei- und Schmerzsituation positiv. Wenn nicht, lassen Sie Ihre Hand möglichst lange am Bauch ruhen.
› Bleiben Sie ruhig und »gefühlt« sehr lange in einer bequemen Position. Viele verschiedene Versuche, dem Baby zu helfen, schlagen auch deshalb fehl, weil sich das Baby auf jeden Reiz neu einstellen muss. Das fällt bei Schmerzen besonders schwer.

ZUWENDUNG DURCH BERÜHRUNG

Die Kolikmassage hilft gegen Blähungen und Koliken bei Verstopfung und wenn Babys exzessiv schreien. Sie wird zweimal am Tag über einen Zeitraum von zwei Wochen regelmäßig angewendet.

KOLIKMASSAGE

Die Kolikmassage beginnt mit der Übung Wasserrad. Diese wird sechsmal von ♥ bis ♥ ausgeführt. Weitere Abbildungen sind auf S. 43 zu sehen.

› ♥ Machen Sie eine fließende Bewegung mit Ihren entspannten Händen über das Bäuchlein. Dabei streicht immer eine Hand in Richtung der Leisten und wird von der anderen so abgelöst, dass stets Körperkontakt besteht.
› Drehen Sie dabei die Hände über die Handfläche zur Handkante – ähnlich wie die Schaufeln eines Wasserrades ♥.
› Führen Sie beide Beine gebeugt zum Bauch, halten Sie die Knie dort maximal sechs Sekunden. Führen Sie die Beine zurück und strecken sie mit leichtem Wiegen aus (Bild siehe Seite 124).
› Danach führen Sie die Übung Sonne und Mond ebenfalls sechsmal aus von ★ bis ★.
› ★ Malen Sie dazu mit Ihrer linken Hand im Uhrzeigersinn eine »Sonne« um den Nabel.
› Die rechte Hand beschreibt einen »Halbmond« außen um die Sonne herum. Während Sie die Kreisbewegung der »Sonnenhand« kontinuierlich beibehalten, setzen Sie mit der »Mondhand« bei zirka neun Uhr auf dem Bauch an und streichen einen Halbmond bis auf die Position von fünf Uhr (grüne Linie in der Zeichnung).
› Greifen Sie dann über die »Sonnenhand« wieder auf die Position neun Uhr und setzen so den Kreis weiter im Uhrzeigersinn fort. ★

› Führen Sie dann beide Beine gebeugt zum Bauch, halten Sie dort maximal sechs Sekunden die Knie am Bauch. Führen Sie die Beine zurück und strecken sie mit leichtem Wiegen aus.
› Wiederholen Sie die gesamte Sequenz dreimal. Im akuten Fall einer Kolik liegen die Nerven meist blank. Lassen Sie sich am besten bei der Kolikmassage von Ihrer Hebamme oder Babymassagekursleiterin anleiten. Das gibt Ihnen Halt und Sicherheit für die Anwendung zu Hause.

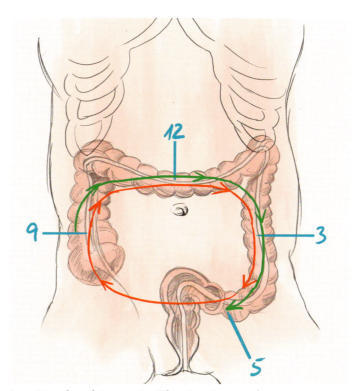

Den Unterbauch immer im Uhrzeigersinn um den Nabel massieren, niemals andersherum.

Massage für Babys in Ausnahmesituationen

Vielleicht ist Ihr Baby zu früh geboren, behindert oder schwerkrank und Sie sind sich nicht sicher, ob Ihr Kind überhaupt massiert werden darf?

Wenn Ihr Kind ernsthaft beeinträchtigt ist

Haben Sie Ihr Kind schon etwas kennengelernt, werden Sie feststellen: Kranke oder behinderte Babys sind einerseits anders, andererseits sind sie in Vielem wie andere Kinder auch. Vielleicht können Sie diese Aussage nur schwer annehmen, denn Ihre Aufmerksamkeit richtete sich bisher auf das, was eben außerhalb der Norm liegt. Vielleicht haben Sie Ängste und Sorgen um Ihr Baby ausgestanden, haben mit Arztterminen, Diagnosen und Therapien viel zu leisten, oder Sie müssen Ihren ganzen Familienalltag auf die besonderen Bedürfnisse Ihres Babys umstellen.

Eigentlich haben Sie sich alles ganz anders vorgestellt und Sie fühlen sich von der Normalität ausgeschlossen.

INSELN DER NORMALITÄT

Hier kann Ihnen die Babymassage, wie sie im Buch beschrieben ist, zu Inseln der Normalität verhelfen. Sie werden feststellen, dass Vieles, was in diesem Buch über gesunde Kinder steht, auch für Babys mit Beeinträchtigung gelten kann. Das Erlebnis ungeteilter Aufmerksamkeit bei der Massage kann Ihnen als Eltern auch zu einem Entspannungseffekt verhelfen, der es Ihnen ermöglicht, Ihre Aufgaben leichter zu tragen.

Wenn Ihr Baby es nach einiger Zeit zulässt, berühren Sie auch Fehlbildungen und Narben besonders respektvoll mit ruhenden Händen. Kommt es zu negativen Reaktionen, halten Sie inne und entschuldigen Sie sich bei Ihrem Baby.

WERTVOLLE ENERGIE WAHREN

Die Bewusstseinszustände Ihres Babys zu kennen, hilft Ihnen und Ihrem kranken Kind. Wenn Sie frühzeitig angemessen darauf reagieren, kann Ihr Baby schneller wieder ins Gleichgewicht kommen. Ihr Baby wird seltener in Stress geraten und benötigt weniger Energie. Diese wertvolle Energie wird für Wachsen und Reifen dringender gebraucht, das gilt ganz besonders für Babys, die zu früh geboren wurden. Wie zeigt Ihnen Ihr Baby, wenn es etwas mag? Wie erkennen Sie, wenn sich Ihr Baby unwohl fühlt und Ihre Hilfe braucht? Machen Sie sich mit seinen typischen Signalen vertraut, wie sie auf Seite 20 geschildert werden. Die Aufstellung mit den Bewusstseinszuständen finden Sie auf Seite 19.

Unterstützung für »Frühchen«

Das Wichtigste, was Sie für Ihr zu früh geborenes Baby tun können, ist ihm zu helfen, damit es Angst und Schmerzen loslassen kann, und dafür zu sorgen, dass es trotz der vorzeitigen Geburt die Bindung zu Ihnen spürt. Bevor Sie Ihr Kind berühren, beobachten Sie es eine Weile, um seine momentane Verfassung zu ergründen und sich ganz auf das kleine Wesen einzustellen. Berühren Sie es nicht unvermittelt und ohne Vorankündigung. Für zu früh geborene Babys sind häufig umschließende Haltungen und ruhende Hände genug Stimulation. Die Kolikmassage ist da eine Ausnahme.

Besonderheit Schreibabys

Nur mit Zahlen, wie in der Definition für Schreibaby im Kasten, lässt sich das Belastungsempfinden der geplagten Eltern schwer festmachen. Wenn es für Sie als Eltern zum Problem wird, das häufige Schreien des Kindes zu ertragen, Sie selber keine Ruhe mehr finden und an den Rand Ihrer Kräfte geraten, ist Handlungsbedarf angezeigt. Die hier gegebenen Anregungen sollen Ihnen helfen, Ihr Baby besser zu verstehen, sicher und respektvoll mit Ihrem Kind zu kommunizieren, auf seine Signale angemessen zu reagieren und auch sich selber nicht zu vergessen. In vielen Fällen wird das auch dem häufigen Schreien die Grundlage nehmen.

Kinderarzt und Schreiambulanz

Wenn das alles nicht hilft, holen Sie sich unverzüglich Hilfe beim Kinderarzt. Vielerorts gibt es mittlerweile auch Schreiambulanzen und Fachleute für emotionelle erste Hilfe. Kindern, die zum Beispiel an einer Wirbelblockade leiden, kann mit manuellen Techniken schnell geholfen werden.

THERAPIE WIRKEN LASSEN

Begleitend zu einer solchen Therapie ist es wichtig, besonders einfühlsam vorzugehen, wenn Sie Ihr Kind massieren wollen. Berührungsentspannung, umschließende Haltungen, sanftes Streichen, um die Körperwahrnehmung zu verbessern und Ihrem Kind Nähe zu geben, reichen aus.

HILFE UND BEISTAND IM ALLTAG

Eine weitere Hilfe, die Sie in einer »Schreikindsituation« keinesfalls ausschlagen sollten, ist die Hilfe im Alltag und der Beistand von Familie und Freunden. Schauen Sie auch in die »Schatzinseln« für Eltern ab Seite 58.

> ### IST MEIN KIND EIN SCHREIBABY?
>
> Die Fachliteratur hat folgende Definition festgelegt: Wenn ein Kind mehr als drei Stunden am Tag an mindestens drei Tagen in der Woche über mehr als drei Wochen lang schreit, lautet die nüchterne Definition: »Schreibaby« (nach: Wessel, Regulationsstörungen der frühen Kindheit).
> Hilfe holen sollten Sie sich jedoch, sobald das Schreien Ihres Babys Ihnen als Eltern zu viel wird und Ihre Kräfte zur Neige gehen.

Wenn Babys sehr häufig schreien, ist das eine Belastung für Eltern und Kind.

REIME ZUM TRÖSTEN UND SPIELEN

HEILE, HEILE

*Heile, heile Gänschen,
Das Gänschen hat ein Schwänzchen,
Heile, heile Mausespeck,
Ist das Wehweh wieder weg.*

*Heile, heile Segen,
Drei Tage Regen,
Drei Tage Schnee,
Dann tut's schon nicht mehr weh.*

MEH LÄMMCHEN MEH

Meh Lämmchen meh!
Das Lämmchen lief im Schnee.
Es stieß sich an ein Steinchen,
Da tat ihm weh sein Beinchen,
Da sagt das Lämmchen meh.

Meh Lämmchen meh!
Das Lämmchen lief im Schnee.
Es stieß sich an ein Stöckchen,
Da tat ihm weh sein Köpfchen,
Da sagt das Lämmchen meh.

Meh Lämmchen meh!
Das Lämmchen lief im Schnee.
Es stieß sich an ein Sträuchlein,
Da tat ihm weh sein Bäuchlein,
Da sagt das Lämmchen meh.

Meh Lämmchen meh!
Das Lämmchen lief im Schnee.
Es stieß sich an ein Hölzchen,
Da tat ihm weh sein Pelzchen,
Da sagt das Lämmchen meh.

DER KÄFER

Es krabbelt ein kleiner Käfer auf
Deinem Arm herum,
Er sucht seine Käferfrau – schau!
Er sucht beim Hals und bei den Ohren,
Doch dort hat er nichts verloren.
Er sucht am Kopf und auf dem Bauch,
Da sucht er auch.

Es krabbelt eine kleine Käferfrau
Auf deinem Arm herum.
Sie sucht nach ihrem Käfermann – schau an!
Sie sucht beim Hals und bei den Ohren,
Doch da hat sie nichts verloren.
Sie sucht am Kopf und auf dem Bauch,
Da sucht sie auch.

Es krabbeln zwei Käfer auf dir hin und her,
Sich zu finden, ist für die beiden
Ganz schön schwer.
Doch plötzlich ruft der Käfermann
So laut er kann: »Hurra!
Meine Käferfrau ist wieder da!«
Sie krabbeln aufeinander zu –
Und endlich hast du wieder Ruh!

DAS ABENDLIED

Nun wollen wir singen das Abendlied
Und beten, dass Gott uns behüt.
Es weinen viel Augen
Wohl jegliche Nacht,
Bis morgens die Sonne erwacht.
Es wandern viel Sternlein
Am Himmelsgrund,
Wer sagt ihnen Fahrweg und Stund?
Dass Gott uns behüt,
Bis die Nacht vergeht,
Kommt, singet das Abendgebet.

WER HAT DIE SCHÖNSTEN SCHÄFCHEN

Wer hat die schönsten Schäfchen,
Die hat der gold'ne Mond,
Der hinter unsern Bäumen
Am Himmel droben wohnt.

Dort weidet er die Schäfchen
Auf seiner blauen Flur,
Denn all die weißen Sterne
Sind seine Schäfchen nur.

Adressen, die weiterhelfen

In diesem Buch wird die Babymassage, wie sie in den Kursen der Deutschen Gesellschaft für Baby- und Kindermassage e.V., DGBM, praktiziert wird, vorgestellt. Weitere Informationen und das Kursangebot finden Sie auf der Website:

www.dgbm.de
Schweizerischer Verband für Babymassage
www.iaim.ch

Suchen Sie nach weiteren Möglichkeiten, Ihr Baby zu fördern, mag die folgende Zusammenstellung an Kursangeboten hilfreich sein.

VON GEBURT AN

Stillberatung und Stillgruppen

www.afs-stillen.de
www.lalecheliga.de
www.lalecheliga.at
www.lalecheleague.ch

Trageschulen

Die Trageschule Österreich und Schweiz hat sehr viele Regionalgruppen, die auf der folgenden Website verzeichnet sind.
www.trageschule.de
In Deutschland gibt es die Trageschule Dresden und die ClauWi Trageschule.
www.trageschule-dresden.de
www.clauwi.de

KURSANGEBOTE FÜR MÜTTER UND BABYS AB ACHT WOCHEN

Baby-Shiatsu

Baby-Shiatsu ist eine in Japan entwickelte Körperarbeit, die aus der traditionellen chinesischen Massage hervorgegangen ist und den energetischen Aspekt Meridianentwicklung in den Vordergrund stellt. Die deutsche Website enthält auch Regionalgruppen in Österreich und der Schweiz.
www.babyshiatsu.de
www.go-shiatsu.at

FenKid

FenKid ist ein entwicklungsbegleitendes Konzept für Familien mit Kindern ab drei Monaten.
www.fenkid.de

KURSANGEBOTE FÜR DAS BEWEGUNGSALTER AB SECHS MONATEN

PEKiP

Das Prager Eltern-Kind-Programm ist ein Konzept für Gruppenarbeit mit Eltern und ihren Kindern im ersten Lebensjahr. Auf der Website sind auch Regionalgruppen in Österreich und der Schweiz zu finden.
www.pekip.de

Babyschwimmen

Das Babyschwimmen fördert Bewegungsfreude und Körperbewusstsein im Wasser und macht viel Spaß.
www.babyschwimmen.de
www.austrianbabyswim.at
www.babyschwimmen.ch

FenKid siehe oben

Krabbelgruppen

Krabbelgruppen, Babytreffs, Ernährungskurse zur Beikosteinführung, Zwergensprache und vieles mehr werden auf regionaler Ebene angeboten.

Swiss Mom

Eine gute Zusammenstellung verschiedener Angebote für Mütter und Babys in der Schweiz findet sich auf Swiss Mom – alles über Schwangerschaft, Geburt, Baby und Kind.
www.swissmom.ch

Geburtsallianz Österreich

BürgerInnen-Initiative für eine babyfreundliche und mütterfreundliche Geburtshilfe und Informationsplattform für Patientenrechte und Wahlmöglichkeiten rund um Schwangerschaft, Geburt und die erste Lebenszeit mit dem Baby.
www.geburtsallianz.at

Bücher, die weiterhelfen

Ayres, A. Jean: *Bausteine der kindlichen Entwicklung. Die Bedeutung der Integration der Sinne für die Entwicklung des Kindes.* Springer, Berlin/Heidelberg 1998.

Anders, Wolfgang; Weddemar, Sabine: *Häute schon berührt? Körperkontakt in Entwicklung und Erziehung.* Borgmann Publishing GmbH, Dortmund 2001.

Biddulph, Steve: *Das Geheimnis glücklicher Babys.* Heyne, München 2006.

Gauch, Claire: *Die Macht der Zärtlichkeit. Wege zur intuitiven Kindermassage.* AT Verlag, Aarau/Schweiz 1990.

González, Carlos: *In Liebe wachsen. Liebevolle Erziehung für glückliche Familien.* Hrsg. von der La Leche-Liga Deutschland e.V. 2005.

Gordon, Thomas: *Familienkonferenz. Die Lösung von Konflikten zwischen Eltern und Kind.* Heyne Verlag München 1972, aktualisierte Taschenbuchausgabe 2012, als E-Book 2012.

Gordon, Thomas: *Die neue Familienkonferenz. Kinder erziehen ohne zu strafen.* Heyne Verlag, München 1989.

Gottmann, John M.; DeClaire, Joan: *Kinder brauchen emotionale Intelligenz. Ein Praxisbuch für Eltern.* Heyne Verlag, München 1998.

Juul, Jesper: *Dein kompetentes Kind. Auf dem Weg zu einer neuen Wertgrundlage für die ganze Familie.* Rowohlt Taschenbuch Hamburg 2003 (1. Aufl. 1997, neue von Knut Krüger übersetzte Ausgabe 2009, Digitalbuch der Neuausgabe 2011).

Juul, Jesper: *Klare Eltern – starke Kinder.* Kösel Verlag München 2012.

Klein, Margarita: *Schmetterling und Katzenpfoten. Sanfte Massagen für Babys und Kinder.* Ökotopia, Münster 1999.

Leboyer, Frédérick: *Sanfte Hände. Die traditionelle Kunst der indischen Baby-Massage.* Kösel Verlag, München 2005.

Montagu, Ashley: *Körperkontakt. Die Bedeutung der Haut für die Entwicklung des Menschen.* Klett-Cotta, Stuttgart 2004.

Sears, William: *Das 24-Stunden-Baby. Kinder mit starken Bedürfnissen verstehen.* La Leche-Liga International, Zürich 1998.

Solter, Aletha: *Warum Babys weinen. Die Gefühle von Kleinkindern.* dtv, München 2000.

BENUTZTE LITERATUR

Schneider, Vimala: *Babymassage. Praktische Anleitung für Mütter und Väter.* Kösel Verlag, München 1998

Laves, Ute: *Liebe Hautnah erleben. Ein Begleitbuch für die Babymassage.* Infantastic Versand und Verlag 2004.

DGBM: *Babymassage- Kursmaterial für Eltern.*

Papoušek, Mechthild; Schieche, Michael; Wurmser Harald: *Regulationsstörungen der frühen Kindheit. Frühe Risiken und Hilfe in Entwicklungskontext der Eltern-Kind-Beziehung.* Verlag Hans Huber, Bern 2004. (hiernach Definition Schreibaby)

Zwartjes, Tordis; Hirscher, Petra: *Wohltuende Babymassage.* Knaur, München 2007

Massageanleitungen

Achselhöhle ausstreichen 99
Anregendes Streichen der Ohren 112
Arme und Beine kreuzen 126
Armrollen 102
Atemübung für Eltern 18
Beine zum Bauch 121
Beinrollen 89
Berührungsentspannung 126
Beruhigendes Streichen um die Ohren 112
Brustmassage 96
Drehen und Hochnehmen 54
Entspannende Kreise ums Kiefergelenk 111
Entspannung für den Po 89
Erweitertes Ausstreichen (Rücken) 117
Fingertappen auf dem Bauch 95
Fußrücken streichen 87
Gemaltes Lächeln 111
Gesichtsmassage ohne Öl 110
Halten bei Desorientierung 129
Handmassage 100
Handrücken ausstreichen 100
Heilende Berührungen 127
Herzsonne (Meditation für Eltern) 52
Ich liebe Dich 95
Impulse auf Ballen und Ferse 87
Indisches Streichen (Hände) 99
Indisches Streichen (Füße) 84
Integration Arme und Hände 102
Integration Bauch 96
Integration Beine und Füße 89
Integration Brust 98
Kleine Kreise auf dem Rücken 118
Kleines und großes Paket 120
Kreise um das Fußgelenk 88
Kreise ums Handgelenk 101
Kreise ums Kiefergelenk 111
Kolikmassage 132, 133
Nasendreieck 111
Offenes Buch 97
Rücken ausstreichen 117
Ruhiges Streichen (Rücken) 118
Sanfte Übungen 119–121
Schmetterling 97
Schwedisches Streichen (Arme und Hände) 101
Schwedisches Streichen (Füße) 88
So fragen Sie Ihr Baby um Erlaubnis 27, 52, 53, 96
Sonne und Mond (Bauch) 94
Stirn und Augenbrauen ausstreichen 110
Streichen über die Fußsohle 86
Tappen auf der Fußsohle 87
Umschließen und Gleiten (Arme und Hände) 99
Umschließen und Gleiten (Füße) 86
Vor- und Zurückstreichen (Rücken) 117
Wasserrad (Bauch) 93
Zehenrollen 87
Zu den Seiten ausstreichen (Bauch) 94

Bastelanleitungen und Spiele

Babyaquarium 79
Fingerpuppen 106–109
Fred, der Sockenschreck 91
Fühlraupe 91
Fühlwürfel 32
Fühlwurst 73
Klangbaum 69
Massagekalender 60
Mobile 74, 75
Rasselflaschen 34, 35
Schepperflaschen 35
Sockenbälle, -basteleien 90
Sockenspiele 90
Spielbrett 77
Stoffbuch 76
Stofftiere 78
Strumpfhosen-Fühl-Raupe 90
Taschenlampenspiel 31

SERVICE

Reime und Kinderlieder

Autor unbekannt

Abendlied* 137
Alle meine Entchen* (Lied) 79
Ameisen fahren Ski 115
Aufforderung zum Tanz 36
Autofahrt 42
Bi-ba-Butzemann* (Lied) 67
Da hast 'nen Taler* 39
Darf ich bitten* 36
Das ist der Daumen* 105
Das ist der große Zeh 92
Das ist Lieschen 103
Der ist in die Pfütz gefallen* 105
Der ist klein, würd gerne größer sein 103
Der kleine Geist macht hui und buh 103
Der Nasenknopf 113
Die Ohren gespitzt 31
Eine kleine Feder 30
Eine kleine Raupe 91
Es bläst 30
Es krabbelt ein kleiner Käfer auf deinem Arm 136

Faszinierende Taschenlampe 31
Fingerspiele 103–105
Flugspruch 36
Beim Friseur 68
Fuchs, du hast die Gans gestohlen* (Lied) 79
Fred, der Sockenschreck 91
Fünf Freunde hab ich 104
Fünf Freundinnen hab ich 104
Fünf Gespenster 104
Fünf kleine Geister 103
Fünf kleine Pinsel hab ich in der Hand 115
Geistertuch 37
Geht ein Mann die Treppe rauf* 113
Gesichter und Grimassen 39
Handstreichelspiel 39
Häschen in der Grube* (Lied) 67
Heile, heile* 136
Himpelchen und Pimpelchen* 105
Hin und her 37
Hoppe hoppe Reiter* (Lied) 42
Hüa, Pferdchen 43
Ich gehe mit meinem Baby 38
Ich will spazieren gehen 57
Ich zeig dir jetzt, was ich schon kann 40
Käfer 136, 30
Kleines Küken aus dem Ei 36
Lippen lecken 39
Meh Lämmchen meh!* 136

Mein Mund kann singen 114
Muntermacher 37
Nun wollen wir singen das Abendlied* 137
Pinselchen 115
Pizzamassage 114
Pünktchen, Pünktchen* 115
Raupe (Fingerspiel) 91
Ri-ra-rutsch (Lied)* 43
Ringel ringel Reihe (Lied)* 67
Ritual zum Eincremen 115
Schaukelreim 37
Schlaf, Kindchen, schlaf* (Lied) 57
Schlafe, mein Baby, schlaf ein 57
Sitzt in deiner Patschehand 41
So küsst der Eskimo 40
Steig auf, komm mit 43
Tut tut tut – steig ein 42
Und zum Schluss einen Kuss 40
Vögelchen 39
Wacht auf, kleine Füße 37
Was hör ich da? 34
Was ich schon kann 40
Wer hat die schönsten Schäfchen 137
Wie macht der Hund? 79
Wo wohnt der Schneider?* 113
Zauberfee 57
Zehenreime 92
Zeigt her eure Füßchen* (Lied)

Register

A
Abschlussritual 89
Achtsamkeit 18, 24, 62, 119
Atem, atmen 29, 52
Atemübung 18
Aufnehmen des Babys 53
Ausnahmesituationen 134

B
Berührung 12, 24, 26, 27–29, 124, 129
Berührungsempfindlichkeit 48, 127
Berührungsentspannung 126, 127
Beruf 59, 60, 62
Bewusstseinszustände des Säuglings 19
Bindung 14, 15, 49, 60
Blähungen 132, siehe auch Kolik
Blickkontakt 14, 15, 20

D
Desorientierung 128
Deutsche Gesellschaft für Baby- und Kindermassage 12, 56
Durchschlafen 64

E/F
Entspannung 29, 52
Erbrechen 130, siehe auch Spucken
Erkältung 130
Erlaubnis 27, 52, 53, 96
Fieber 48
Fortbewegungsalter 47
Frühgeborene, Frühchen 134, 135

G/H
Geborgenheit 5, 10, 11, 124, 127–129
Geburt 13, 63
Gehirnentwicklung 28, 29
Geruchssinn, siehe Riechen
Geschwister 62
Gleichgewicht, inneres 25
Großeltern 70–72
Greifen und Aufgreifen 100
Halten 46, 126–129
Hochnehmen des Babys 53

I/K
Integration 89, 95, 98, 102
Kitzeln 27
Kolik, Koliken 132, 133
Kolikmassage 47, 132, 133
Kontaktaufnahmesignale 19, 20
Krankheit 48, 123, 124, 134

L/M
Lebensrhythmen 13
Macht, Machtfrage 21, 53, 64
Massagen
– für Eltern 60, 112
– Grenzen der M. 48, 125
– Goldene Regeln für die M. 84
– Halten 46, 126, 129
– Reihenfolge der M. 83
– Streichen 84, 89
– Rollen 89, 102
– Umschließen 46, 86, 99
– Wirkung der M. 9, 10, 14, 15, 28, 29, 82, 118, 124, 125, 129
Massageöl 49–51
Massagehaltung 48, 56, 116
Massageplatz 48
Massageritual 83
Massage-Utensilien 49
Meditation 52
Muskelverspannung 131

N/O
Nahsinne 29
Nerven, Nervenbahnen 28, 29
Öle, siehe Massageöle

P/R
Partnerschaft 59, 63–65
Reflexzonen 29
Riechen 14, 15, 49
Ritual 11, 27, 52, 57, 89, 115
Rückzugssignale 19, 20
Ruhe, Ruhepause 13, 48, 71, 125, 129

S
Sanfte Übungen 119–121
Schmerzen 127
Schreien 17, 131, 135, siehe auch Weinen
Schreibaby 135
Sehen 14, 20, 29
Selbstregulierung des Babys 25
Selbstwertgefühl 29
Sinne, Nahsinne 14, 20, 28, 29
Spielsachen 69
Spucken, harmloses 130
Stillen 131

T/U
Tasten, Tastsinn 28
Trösten 22, 23
Umschließen 86, 99, 128
Umschließendes Halten 46
Unruhe 129

V/W/Z
Verwöhnen 24, 25
Vertrauen 27, 71, 119
Weinen 14, 21, 22, 47, 128
Zahnen 131
Zeiteinteilung 13, 24, 47, 65, 72
– Die Babyuhr 24

Die werden Sie auch lieben.

ISBN 978-3-8338-3318-2

ISBN 978-3-8338-3417-2

ISBN 978-3-8338-3795-1

ISBN 978-3-8338-3319-9

ISBN 978-3-8338-3614-5

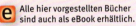 Alle hier vorgestellten Bücher sind auch als eBook erhältlich.

Mehr von GU auf www.gu.de und facebook.com/gu.verlag

Willkommen im Leben.

Impressum

© 2014 GRÄFE UND UNZER VERLAG GmbH, München. Alle Rechte vorbehalten. Nachdruck, auch auszugsweise, sowie Verbreitung durch Bild, Funk, Fernsehen und Internet, durch fotomechanische Wiedergabe, Tonträger und Datenverarbeitungssysteme jeder Art nur mit schriftlicher Genehmigung des Verlages.

Projektleitung: Ann-Kathrin Kunz
Lektorat: Sabine vom Bruch, Berlin
Layout: independent Medien-Design, Horst Moser, München
Herstellung: Martina Koralewska
Satz: griesbeckdesign, München
Reproduktion: medienprinzen, München
Druck und Bindung: Firmengruppe Appl, aprinta druck, Wemding

Printed in Germany
ISBN: 978-3-8338-3565-0
1. Auflage 2014

Bildnachweis

Fotoproduktion: Petra Ender: S. 2, 3, 8-10, 12, 22, 26, 34, 35 (li.), 44-46, 54, 56, 80-82, 85-89, 93, 95-102, 110-112, 115-121, 124, 126, 129.

Bastelfotos: Sabine Bohlmann: S. 32, 33, 35 (re.), 73-78, 90, 106-109.

Weitere Fotos: Alimdi: S. 122, 123; Christian Hartmann: S. 5; Fotolia: S. 50; Getty Images: Cover, S. 23; Mauritius Images: S. 11; Plainpicture: S. 58, 135; Privat (Bärbel Hauswald): S. 4; Privat (Dr. Martin Grunwald): S. 7; Stocksy: S. 61, 128; Westend61: S. 72.

Illustrationen: Dorothee Griesbeck: S. 15; Julian Rentzsch: S. 32, 93, 94, 133.

Für die freundliche Unterstützung der Fotoproduktion ein Dankeschön an:

Kinderstube, München

Stadtkind, München

Wichtiger Hinweis

Die Gedanken, Methoden und Anregungen in diesem Buch stellen die Meinung beziehungsweise die Erfahrung der Verfasser dar. Sie wurden von den Autoren nach bestem Wissen erstellt und mit größtmöglicher Sorgfalt geprüft. Sie bieten jedoch keinen Ersatz für persönlichen kompetenten medizinischen Rat. Jede Leserin, jeder Leser ist für das eigene Tun und Lassen auch weiterhin selbst verantwortlich. Weder Autoren noch Verlag können für eventuelle Nachteile oder Schäden, die aus den im Buch gegebenen praktischen Hinweisen resultieren, eine Haftung übernehmen.

Liebe Leserin, lieber Leser,

haben wir Ihre Erwartungen erfüllt? Sind Sie mit diesem Buch zufrieden? Haben Sie weitere Fragen zu diesem Thema? Wir freuen uns auf Ihre Rückmeldung, auf Lob, Kritik und Anregungen, damit wir für Sie immer besser werden können.

GRÄFE UND UNZER Verlag
Leserservice
Postfach 86 03 13
81630 München
E-Mail:
leserservice@graefe-und-unzer.de

Telefon: 00800 / 72 37 33 33*
Telefax: 00800 / 50 12 05 44*
Mo–Do: 8.00–18.00 Uhr
Fr: 8.00–16.00 Uhr
(* gebührenfrei in D, A, CH)

Ihr GRÄFE UND UNZER Verlag
Der erste Ratgeberverlag – seit 1722.

Umwelthinweis

Dieses Buch wurde auf PEFC-zertifiziertem Papier aus nachhaltiger Waldwirtschaft gedruckt.

Die GU-Homepage finden Sie unter www.gu.de

www.facebook.com/gu.verlag